석류나무 집

석류나무 집

초판 1쇄 발행 2024년 10월 7일

지은이 공상규
펴낸이 장길수
펴낸곳 지식과감성#
출판등록 제2012-000081호

교정 주경민
디자인 강샛별
편집 강샛별
검수 한장희, 정윤솔
마케팅 김윤길, 정은혜

주소 서울시 금천구 벚꽃로298 대륭포스트타워6차 1212호
전화 070-4651-3730~4
팩스 070-4325-7006
이메일 ksbookup@naver.com
홈페이지 www.knsbookup.com

ISBN 979-11-392-2136-7(03810)
값 15,000원

- 이 책의 판권은 지은이에게 있습니다.
- 이 책 내용의 전부 또는 일부를 재사용하려면 반드시 지은이의 서면 동의를 받아야 합니다.
- 잘못된 책은 구입하신 곳에서 바꾸어 드립니다.

본 사업은 2024년 부산광역시, 부산문화재단 〈부산문화예술지원사업〉으로 지원을 받았습니다.

지식과감성#
홈페이지 바로가기

석류나무 집

공상규 수필집

작가의 말

글을 쓰는 일이 행복하다. 직장을 다닐 때는 그저 취미로 쓰다가 퇴임 후에 본격적으로 수필과 친구가 되었다. 어쩌다 마음에 드는 좋은 글을 발표하는 날이면 성취감이 배가되니 어설픈 글쟁이가 제대로 걸려들었다.

글을 쓰는 일은 늘 어렵지만 글 앞에 앉을 때 행복한 건 어쩔 수 없는 노릇이다. 쓰는 것 못지않게 마음이 통하는 사람들과 만나는 일도 즐겁다. 문우는 글로 만난 소꿉친구다. 같은 방향을 바라보는 결이 고운 사람을 만나는 일은 더욱 기쁜 일이다.

수필 한 편을 완성할 때마다 카타르시스를 느끼니 마음마저 평온하다. 잘 쓴 글이든, 못 쓴 글이든 모두 심혈을 기울인 작품이다. 인생 이모작에서 찾은 수필은 내 삶의 존재 이유라고 해도 과언이 아니다. 늘 좋은 수필을 써야겠다는 목표를 세우고 공부하다 보니 세월이 언제 지나갔는지 모를 만큼 빠르게 흘러간다.

수필과 글벗이 있어 노후의 삶은 늘 활기차고 희망에 부푼다. 용기를 가지고 다시 한번 수필집을 세상에 내놓는다. 오늘이 있기까지 나를 믿고 용기를 북돋워 준 부모님이 그립다. 그리움을 글에 담았으나 정곡은 찔렀는지 부모님이 먼저 읽어 주셨으면 좋겠다.

2024년 가을에
공상규

목차

작가의 말　　　　　　　　　　　　5

제1부
편견에서 벗어나다

여인과 모래톱	13
반시 우정	19
멋진 공간	24
편견에서 벗어나다	28
유언	33
선생님이 그립다	38
작은 부자	43
이모부를 만나는 날	48

제2부
아내의 빈자리

늦게 피어난 꽃	55
짜장 콘서트	60
석류나무 집	65
생리대를 찬 남자	70
동반자	74
아내의 빈자리	79
귀향	84
금자의 소망	89

제3부
선생님을 만났습니다

사랑으로 빚은 음식	97
능의 기를 받다	102
명당자리	106
20분의 행복	111
선생님을 만났습니다	116
그리움 한 통	120
텃밭 만찬	124
그래도 속고 싶다	129

제4부
국가가 맺어 준 인연

생일 봉투	137
이번에는	142
국가가 맺어 준 인연	146
옥련암과 아내	151
165-080423	156
초사병, 늦은 것도 나쁘지 않다	161
둥지	166
커피 단상	171

제5부
에덴 엘레지

보금자리	179
에덴 엘레지	184
숲속에 폭포가 있다	190
보름달이 얼마나 밝던지	194
호박 예찬	199
따뜻한 사람	204
동심정에서	208
천천히 가야 할 곳	213
여행의 끝은 집이다	217

작품 해설

사물의 심층적 해석과 인생 담론의 조화   227
박양근(문학평론가, 부경대 명예교수)

제1부

편견에서 벗어나다

여인과 모래톱
반시 우정
멋진 공간
편견에서 벗어나다
유언
선생님이 그립다
작은 부자
이모부를 만나는 날

여인과 모래톱

다대포해수욕장역이다. 맨발 걷기 예찬론자인 아내와 함께 왔다. 나이가 든다는 것은 건강을 최우선으로 여기라는 다른 말이니 하루도 소홀할 수 없다. 바닷가에서 맨발로 걷는 게 다른 운동보다 건강에 좋다고 하니 솔깃하여 길을 나선 참이다. 그동안 산행으로 건강을 다져 왔는데 새로 시작한 맨발 걷기에 내심 거는 기대가 크다.

이곳 해수욕장을 떠올리면 문득 A가 생각나곤 한다. 자신만만하게 세상에 부딪히던 혈기 왕성한 이십 대 중반일 때다. M 유통업체에서 그녀를 만났다. 전주에서 여고를 졸업하고 오빠가 있는 부산으로 온 웃음이 예쁜 아가씨였다. 마음속으로 그려 온 이상형의 아가씨에게 데이트 신청은 한 번도 하지 못했다. 번듯한 직장이었으면 용기를 내었을지도 모른다.

규모가 작은 직장이어서 이십여 명이 한솥밥을 먹었다. 청춘 남녀가 매일 가까이에서 얼굴을 맞대면 불꽃이 튈 만도 하다. 하지만 인연은 오래가지 않았다. 무슨 일이든 서로의 마음이 맞아야 하는 법인데 이어질 운명은 아니었던 거다. 젊음의 치기로 마음만 자신만만하게 타오르다 결국 외사랑으로 막을 내렸다. 이루어지지 못한 사랑은 다 아름답다고 우긴다.

 하루는 직원들과 근무를 마치고 다대포해수욕장 근처에 있는 횟집으로 갔다. 한 달 실적이 좋아 사장 부부가 고생했다며 회식 자리를 마련한 것이다. 그 시절에 흔하지 않은 단체 회식이었다. A와 둘만의 시간도 은근히 기대했으니 하루 전부터 마음이 설렜다. '술자리의 기운을 빌려 고백해 볼까.' 하는 마음도 있었다.

 회식이 끝난 후 직원들과 백사장을 거닐며 서로의 앞날에 관한 대화를 나누었다. 일행과 떨어져 A와 함께 바닷가에 들어갔을 때 사랑한다고 고백했어야 하는데, 가을 밤바다에 취한 탓인지 좋은 기회를 날려 버렸다. 파도만 못난이 같은 모습을 지켜보고 있었다. 파도가 하얗게 일어나며 남자가 그렇게 용기가 없어서 어떻게 살아가느냐고 연신 타박하는 듯했다.

 피가 끓던 젊은 시절에 A와 거닐었던 그 해수욕장을 아내와 찾았다. 몰운대나 승학산은 친구들과 자주 가는 산행지이지만, 다대포 바닷가는 그간 뜸해 그리움으로 남아 있었다. 지난해부터 아내의 권유로 맨발 걷기를 결심하며 부산의 일곱 개 해수욕장 중에 다대포해수욕장을 첫 장소로 택한 이유였다. 일출과 일몰이 아름다운 다대포가 우리의 마음을 이끌기도 했다.

 드디어 다대포해수욕장이다. 돗자리를 펴고 신발과 양말도 벗는다. 모자를 깊숙이 눌러쓰고 십여 분간 스트레칭으로 몸을 풀고 물속으로 들어간다. 바닷가 모래사장을 걷는 것이 흙길이나 황톳길을 걷는 것보다 운동 효과가 더 있다고 한다. 젊은 사람은 아이를 데리고 나들이 나왔다. 나이 지긋한 사람들은 대부분 운동 삼아 걷고 또 걷는다. 몸이 불편한 사람은 지팡이에 의지하여 걷는 모습도 제법 눈에 띈다. 건강은 건강할 때 챙겨야 한다는, 반증의 모습이다.

아내와 간격이 조금 멀어지면서 눈에 들어오는 게 많아진다. 발가락 사이로 삐져나오는 모래의 촉감을 느끼며 바삐 걸음을 옮긴다. 발걸음이 빠른 편인 나와 달리 아내는 무슨 생각에 잠겼는지 느긋하게 걸으며 입가에 엷은 미소를 짓고 있다. 초보자는 무엇을 하더라도 숨길 수 없다. 마음만 바쁘다.

한참을 걸으니 대여섯 살 된 아이들이 바닷가에서 플라스틱 통을 들고 왔다 갔다 한다. 통 안에는 새끼 엽낭게 열댓 마리가 꼼지락거리고 있다. 게도 어미가 없으면 살아가기 어려운데 새끼들은 어찌할까 싶다. 게를 잡는 것이 재미있느냐고 물어봐도 대답 없이 놀기에 바쁘다.

꼬마들은 장난일지라도 엽낭게에게는 하나뿐인 생명 아닌가. 게를 잡으면서 마음껏 놀았을 텐데 이제는 제자리에 놓아주면 좋겠다는 말이 입안에서만 맴돈다. 그러고 보니 근처에는 모래를 판 구덩이가 여럿 보인다. 마음 좋은 아이들이 집으로 돌아갈 때는 게를 살려 주었으리라 믿고 싶다.

맨발 걷기는 빨리 걷는다고 좋은 게 아니다. 최대한 발을 접지하여 오래 머무는 게 좋다. 걷기 예찬론자인 아내처럼 세월아 네월아 하며 걷는 법을 배워야 할 텐데 아직은 요원한 일이다. 염분과 수분이 있는 바닷가가 '슈퍼 어싱'으로 맨발 걷기에 최적의 장소라 주말마다 사람들이 몰려든다. 모래 밖으로 나온 엽낭게의 숫자보다 걷는 이들이 삼십여 배나 많을 만큼 셀 수 없을 정도로 북적인다.

 바닷물에 휴대용 의자를 놓고 앉아 있는 사람도 많다. 넓은 바다를 감상하며 가슴이 시원스레 뚫리는 대형 족욕탕이다. 어르신들이 휴양객처럼 둥글게 모여 도란도란 얘기 나누는 모습이 보기에 좋다. 걷기가 힘든 사람은 바닷모래에 발을 묻고 있어도 운동 효과가 있다.

 처음에는 바닷가에서 맨발 걷기가 건강 관리에 좋을지 긴가민가했다. 시원하게 트인 바다를 보며 걷는 게 속이 후련하여 계속하다 보니 혈액 순환이 잘되었는지 손발이 따뜻해진다. 조수 간만의 차이가 작고 수심도 얕아 다른 해수욕장보다 멀리까지 가도 위험하지 않다. 가족, 친구, 연인 등과 함께 걸으며 추억 쌓기에 좋은 장소다.

 아내와 거리가 점점 더 멀어지니 지난날의 기억이 슬며시 떠오른다. 사십여 년의 세월이 더 흘러 잊을 만한데 문득 떠오르는 건 그때의 아쉬움이 무의식중에 잠재한 것일까. 백사장 어딘가에 숨어 있을 그녀와 아름다운 추억을 찾아 보고 싶은 생각이 불쑥 고개를 들이민다.

다대포해수욕장이 젊은 시절의 A를 소환하여 가슴이 두방망이질을 쳐도 어쩔 수 없다. 염생식물인 통보리사초가 그때나 지금이나 모래사장에서 꿋꿋하게 살아가듯, 그녀는 내 가슴속 한 곳에 자리 잡은 통보리사초다. 잊고 있다 문득 들여다보는 길가 구석진 곳에 핀 민들레 같은 존재다. 할머니가 되었을지라도 나에게는 영원한 이십 대 중반의 생기발랄한 여인으로 남아 있다. 용기가 있었으면 사랑이 이루어졌을는지 그건 아무도 모른다.

바닷가에서 부표가 있는 120m 지점 근처까지 물 빠진 비경이 한눈에 들어온다. 썰물 때가 되면 모래톱 물고기가 떼를 지어 이동한다. 바다가 그린 숭어, 전어, 붕장어가 있는 모래 벽화이기도 하다. 자연이 빚은 대작을 혼자서 감상하기가 아깝다. 다른 바닷가에서는 맨발 걷기를 하면서 보지 못했는데 다대포에서 일석이조의 행운을 누린다. 해운대해수욕장에는 사람이 만든 모래 조각 작품이 있다면, 다대포 바닷가는 자연이 그려 놓은 모래 벽화가 살아 숨 쉬고 있다. 판매도 할 수 없는 작품이다.

다대포 바닷가는 썰물 때마다 모래톱 조각 작품 전시장이 된다. 물살이 조각한 모랫길을 걷는 기쁨은 배가된다. 겨울 산행 때마다 감상한 눈꽃이나 상고대가 자연이 만들어 낸 최고의 작품이라고 생각했는데 아니었다. 조각가가 심혈을 기울여 만든 조각이 명작이라도, 이천여 년 동안 자연이 창작한 작품과는 비교가 되지 않는다. 모래 벽화를 만드는 유명한 작가는 한시도 쉬지 않고 무늬를 만드는 파도였다.

어느덧 전시장이 문을 닫을 시간이다. 바닷가 맨발 걷기도 마무리할 시간이다. 조금 이른 시간 탓에 이곳 장관인 저녁노을을 보지 못하는 건 아닌가 아쉬워하던 그때 주홍빛 석양이 엷게 퍼지며 우리를 붙잡는다. 장관이 펼쳐진다. 바다 건너 서산으로 넘어가는 해가 가슴속 깊이 번진다. 심장보다 더 붉고 뜨겁게 타는 듯하다.

맨발 걷기와 함께 타는 저녁노을을 보는 것도 A와 아내가 동행하여 감회가 더 깊다. 두 여인과 다대포해수욕장을 찾았지만 한 사람은 가슴에 엷은 무늬로 남아 있는 한 조각 추억 속 여인이다. 아내가 부르는 소리가 들린다. 추억에 잠긴 나를 흔들어 깨우는 목소리에 모래톱은 파도에 밀려 사라진다. 내 마음속 여인도 어디론가 가 버린다.

반시 우정

　청도에선 반시盤柿와 함께 가을이 온다. 직장 선배인 S 씨가 청도로 귀촌하여 감나무를 재배하면서 나의 가을도 덩달아 붉어진다. 매년 시월이면 수십 그루의 감나무가 유혹의 손길을 내민다. 선배는 반시가 자연으로 돌아가기 전에 얼굴을 한번 보자는 핑계를 대면서 부른다.
　청도는 전국에서 씨 없는 반시 생산량이 90%가 넘는 곳으로 유명하다. 감의 모양이 쟁반처럼 동글납작하다 하여 납작감이라 부르기도 한다. 반시도 일반 감처럼 홍시가 되기 전에는 떫은 감이다. 점질이 많고 씨가 없어 곶감보다는 반건시, 감말랭이, 감와인을 만들기에 좋다. 국내 유일의 씨 없는 감으로 육질이 연하고 당도가 높아 인기 있는 과일 중 하나다.
　반시를 처음 선물로 받은 건 십여 년 전이다. 먼저 퇴직한 선배가 같이 근무할 때의 옛정을 잊지 않고 챙겨 주었다. 직장 동료는 퇴직하면 대부분 연락조차 없이 헤어지는데, 그는 한번 맺은 인연을 잊지 않는 사람이었다. 남자에게 직장이란 가정 다음으로 중요한 곳이라 동료애가 좋으면 근무가 편하다.

칠 년 전 정년 퇴임을 한 이후 시간적 여유가 있어 해마다 청도 감나무밭에 가서 일손을 보탠다. 염치없이 힘들게 농사지은 걸 편하게 받기만 한 미안함을 만회할 기회다. 하루 감 따기를 체험하게 해 준 고마움으로 마음 편히 일하고 쉬면서 풍경을 즐긴다. 혼자서 감을 따면 힘이 들지만, 여러 사람이 함께 일하면 고된 줄 모른다. 선배는 흰가룻병이나 탄저병을 예방하는 것도 수확 못지않은 어려움이라고 한다. 농사는 병충해와 싸움이라고 해도 과언이 아니다.
　퇴직한 이듬해에 청도 시장에서 감나무 모종을 두 그루 샀다. 텃밭에 심은 후 씨 없는 감이 열릴 것을 기대하며 거름도 듬뿍 주고 정성껏 키웠다. 삼 년 후 홍시를 따서 먹으니 모두 씨가 대여섯 개나 있어 무지가 부끄러웠다. 청도 감나무를 다른 지역에 심으면 씨가 있는 감이 열리는 것이다. 다른 지역의 감나무를 청도에 심으면 씨가 없는 감이 열린다는 사실도 뒤늦게 알았다. 청도군은 주변에 높은 산이 둘러싼 분지형으로, 감꽃의 개화 시기인 오월에 안개가 자주 껴서 수정이 어려워 씨 없는 감이 열린다고 한다.
　선배가 해마다 선물하는 사람 중에는 후배의 어머니도 있다. 후배에 의하면 어머니가 말로만 듣던 청도 반시를 먹으니, 가을이 가고 겨울이 오는 것을 느꼈다고 한다. 반시가 계절을 소환한 것이다. 청도는 반시였고, 반시는 곧 가을이었다. 후배의 어머니에게 얼마나 고마운 선물인지 짐작이 가는 인사였다. 선물은 받는 사람도 기분이 좋지만, 주는 사람은 그보다 더하다.

 후배의 어머니가 차멀미로 입원하였을 때도 먹고 건강까지 회복했다는 소식을 들은 선배는 선물한 보람도 느꼈다고 한다. 인생 2막을 보내면서 판매하는 것보다 동료나 지인과 나눠 먹을 수 있어 큰 기쁨이라고 하여 마음의 부담은 조금 줄어들었다. 과수원을 관리하는 데 드는 인건비와 기타 경비를 생각하면 남에게 십 년을 넘게 그냥 준다는 게 쉬운 일이 아니다. 감나무밭에는 탐스러운 감과 함께 이웃에 대한 사랑도 소리 없이 열렸다.

 선물은 비싸다고 좋은 게 아니다. 받는 이를 생각하는 기쁨으로 주는 이의 마음 씀씀이에서 감동은 피어난다. 주는 사람이나 받는 사람이나 부담감을 느끼지 않는 것도 중요하다. 사소한 것이라도 서로 나눠 먹을 수 있는 마음의 선물이면 족하다. 누구에게든 정으로 줄 때는 선물이고, 뒷날을 바라보고 주면 선물이 아니라 뇌물이다.

 소비자는 돈만 있으면 시장에서 무엇이든 살 수 있다고 생각한다. 농사짓는 사람이 농작물을 시장에 내놓을 때는 정성 어린 마음을 파는 것이다. 세상에는 남에게 감사할 일이 너무 많다. 반시도 생산자, 유통업자, 판매자가 있어 우리는 사시사철 손쉽게 사서 먹을 수 있다. 감뿐만 아니라 일반 과일도 품을 들이지 않고 언제든지 손만 내밀면 먹을 수 있는 건 농부들의 땀방울이 있었기 때문이다.

 유년 시절 시골에서 먹을 수 있는 과일은 감이 유일했다. 집 앞 마당가와 남새밭에는 수령이 삼십여 년과 십 년이 넘은 감나무가 두 그루 자라고 있어, 남의 집 감나무에 오르지 않아도 되었다. 가을이면 잘 익은 감이 친구들과 놀며 먹는 좋은 먹거리다. 감 하나 먹고 나면 시장기가 가셔 밤이 깊어도 배가 고프지 않았다. 선배가 보내온 반시를 먹을 때마다 고향의 감나무가 눈에 아른거린다.

추석 무렵에는 작은 도가지에 소금물을 풀어 땡감을 넣고 이불을 덮어 아랫목에 두었다. 일주일 정도 지나서 감이 삭으면 떫은맛이 없어진다. 달큼한 맛이 아직도 생생하다. 지금이야 단감이 지천으로 널려 있어 땡감을 삭혀 먹는 이가 있을까마는. 어린 시절을 생각하면 옛 영화의 한 장면처럼 정겨운 풍경이 떠오른다. 명절 때 먹으면 감 특유의 맛은 없어도 먹거리가 귀했던 그 시절 간식으로는 부족함이 없었다.

가을에 수확한 감으로 감말랭이, 곶감을 만들어 놓으면 가난한 시골살이의 긴긴밤 간식거리가 되었다. 곶감은 감을 깎아 대나무 꼬챙이에 끼워 마루에 줄을 쳐 걸어 놓으면 되지만, 밤에는 동네 아이들의 서리를 조심해야 했다. 그때 서리는 아이들의 주린 배를 채워 주는 장난질 정도여서 어른들도 누구 짓인지 알아도 눈 감고 넘어갔다. 처지가 엇비슷한 시골 사람들의 인심은 시시비비를 가리는 도시와 달랐다. 변변찮은 놀이가 없던 터라 또래들끼리 모여 뉘 집 감나무를 터는 정도야 흠을 잡지 않았다.

선배가 해마다 선물하는 것은 사십여 년 동안 맺은 끈끈한 정에서 기인한다. 시월이 되면 가을 나들이도 좋지만, 청도 감나무밭에 갈 때가 가장 즐겁고 보람 있는 날이다. 한창 혈기가 왕성할 이십 대 후반에 직장 동료로 만나 친구처럼 가까운 사이로 지내다 벌써 일흔 언저리에 당도했다. 그때는 오늘날처럼 이기주의에 물들지 않고 말하지 않아도 서로 믿음이 넘치던 시절이었다.

 직장 생활할 때의 정을 퇴직 후에는 반시가 끈이 되어 이어 주고 있다. 가을에는 여기저기서 온갖 과일이 풍악을 울릴지라도, 나에겐 반시보다 맛있는 것은 없다. 선배는 나이가 들수록 감 농사가 힘에 부쳐 재배가 어렵다고 하면서도, 선물은 계속 보내고 싶다고 한다. 남을 위한 배려는 하루아침에 저절로 생기지 않는다. 노년의 선배가 베풀며 지내는 인생이야말로 행복이라고 행동으로 보여 주고 있다. 내 삶을 되돌아본다. 나도 선배의 반만이라도 닮았으면 좋겠다.

멋진 공간

　코로나19로 공공 도서관이 잠시 멀어졌다. 오랫동안 단골손님으로 다녔는데 이용할 수 없어 아쉬움이 많았다. 그간 곁에 있던 학교 도서관을 멀리한 듯하여 신학기가 시작하는 삼월에 희망을 안고 찾았다. 도서관은 어디를 가더라도 조용하면서 읽고 싶은 책이 많으면 좋은 거다.

　금명도서관 입구에는 "책 든 손 귀하고 읽는 눈 빛난다."라는 글귀가 적혀 있다. 책에 대해서는 동서고금을 막론하고 좋은 말이 너무 많다. 이름난 사람도 시간과 장소에 상관없이 언제든지 만날 수 있으니 가까이할수록 유익하다. 책은 세계 4대 성인인 예수, 석가모니, 공자, 소크라테스도 만날 수 있게 징검다리를 놓는다. 징검다리를 제대로 건너 전하는 말씀을 터득하면 희망의 다리가 된다. 희망의 다리를 건너면 지식과 지혜를 깨우쳐 현명한 삶을 살아가게 만드는 마중물을 만난다.

　초등학교 다닐 때 문학책은 구경도 하지 못한 채 진학을 위해 교과서와 학습 전과만 보며 공부했다. 초등학생이 읽어야 하는 동화나 동시가 뭔지도 모르고 6년을 보냈다. 시골 학교에는 도서관은 물론이고 학급문고도 없었다. 책을 사서 읽는다는 건 꿈도 꾸지 못했다. 문학책 대신에 산이나 들로 다니면서 배운 자연이야말로 동시였고 동화였고 소설이었다.

책과 인연은 중학교 때 시작되었다. 읍내의 중학교에 진학한 후 국어 교과서를 통해 문학이 뭔지 어렴풋이 알았다. 황순원 소설가의 단편소설 「소나기」를 국어책에서 읽은 게 아직도 기억에 생생하게 남아 있다. 사춘기 소년 소녀의 첫사랑 이야기가 가슴을 콩닥콩닥 뛰게 했다. 3학년 때 도서부장이 되면서 책과 가까워졌다. 한때는 책이 좋아 J 대학교 문헌정보학과(그 시절은 도서관학과)에 진학하려고 하였으나 마음대로 되지 않았다.

나는 문학 장르 중에서 수필을 가장 사랑한다. 도서관에서 빌리는 책도 대부분 수필집이다. 늦깎이로 배운 수필이 살아가는 데 삶의 활력소가 된 탓이다. 일상생활을 하면서 평소와 색다르게 경험하는 일이 글의 소재가 된다. 어느덧 독서가 글쓰기로 이어지고, 글쓰기가 또 다른 독서를 불러들였다. 온갖 간접 경험의 장을 펼쳐 주는 도서관을 몰랐더라면 책과 가까워지지 않아 내 인생에 글쓰기는 없었을지 모른다.

데카르트는 "좋은 책을 읽는다는 것은 과거의 가장 훌륭한 사람들과 대화하는 것이다."라고 하여 독서의 중요성을 강조했다. 책은 간접 경험의 보고다. 우리는 살아가면서 모든 일을 다 직접 경험할 수 없으니 대부분 간접으로 지식을 습득한다. 도서관에서 책을 읽는 데는 비용도 들지 않아 이보다 더 훌륭한 선생은 없다. 전직 대통령 한 분은 수감 생활할 때 왕성한 독서로 지식을 쌓았다는 이야기로 유명하다.

우리나라는 성인 한 사람당 한 달 평균 독서가 한 권도 안 될 정도로 문화 국민과는 거리가 멀다. 책을 읽지 않는 이유가 책 이외 다른 콘텐츠인 스마트폰의 영향이 크다. 도시철도로 출퇴근하는 대부분 사람은 스마트폰에 눈을 떼지 못한다. 책을 읽는 아름다운 풍경은 진작 사라졌다고 해도 과언이 아니다. 신문을 보는 사람도 드물어 안타깝기만 하다. 책 읽는 문화만큼은 우리나라가 세계에서 뒤처지지 않았으면 한다.

　사람은 책을 만들고 책은 사람을 만든다는 말이 있다. 학교 도서관은 학생뿐만 아니라 교직원, 학부모가 이용하는 배움의 장소다. 사서 교사가 혼자 도서관을 다 관리할 수 없어 학부모 자원봉사자가 매일 돌아가면서 한 명씩 봉사 활동을 한다. 일주일에 한 번이라도 좋은 책을 만나면 삶의 질이 달라진다. 좋은 책과 만남은 훌륭한 스승을 만나는 것과 같다. 책만큼 좋은 스승을 또 어디 가서 청해 만나랴.

　인간은 좋은 사람을 만나고, 좋은 책을 읽고, 좋은 여행을 하면 변한다고 한다. 만남과 여행에는 어느 정도 시간과 비용을 투자해야 하지만 책은 어디서나 쉽게 읽을 수 있다. 부모는 책을 읽지 않으면서, 자녀가 공부하지 않는다고 속상해하는 사람이 있다. 모순도 이만저만이 아니다. 부모는 아이의 거울인데 누굴 닮겠는가. 책을 멀리하는 학생을 보면 그 부모의 얼굴이 그려진다. 도서관을 친구처럼 자주 만나면 학습에도 도움이 된다. 책을 읽지 않는 이를 보면 문화의 혜택을 스스로 포기한 듯하여 안타까워도 누군가 대신해 줄 수 없는 일이다.

마이크로소프트 창업자인 빌 게이츠는 "오늘날의 나를 있게 한 것은 우리 동네 도서관이었다. 하버드대학 졸업장보다 소중한 것이 독서 습관이다."라고 하였다. 빌 게이츠도 어릴 적부터 도서관을 이용하지 않았으면 기업인으로 성공하여 억만장자가 될 수 없었을 것이다. 도서관을 모르는 자는 황금 같은 인생을 엉뚱한 곳에 낭비했다고 해도 과언이 아닐 것이다.

　금명도서관, 참 매력이 넘치는 장소다. 책과 책, 책과 사람, 사람과 사람을 연결해 주는 멋진 공간이다. 악서라도 읽고 소화를 시키는 건 독자의 몫이다. 무슨 내용의 책이라도 읽으면 남는 게 있기 마련이다. 책은 만드는 사람도 많아야 하지만 더 중요한 건 읽는 사람이 많아야 한다. 독자들이 읽어 주지 않으면 책은 폐지나 다름없다. 책과 친한 사람이 마지막에 승리의 월계관을 쓸 수 있다. 지식의 보고인 도서관에서 주인공은 책과 독자다. 사서 교사는 책과 독자를 연결해 주는 중매인이다.

　가을에 도서관이 날개를 달았다. 아이들이 좋아하는 취향으로 리모델링을 한 후에는 이전보다 더 붐빈다. 도서관이 단순히 책만 읽는 곳이 아니라 토론의 장소이자 꿈을 펼치는 공간으로 탈바꿈했다. 이만여 권의 장서는 독자의 선택을 기다리고 있다. 신간보다 손때가 묻어 책장이 해진 게 독자의 사랑을 많이 받은 표시다. 도서관에서 책을 빌릴 때는 신간보다 그런 책을 더 선호한다. 책을 사랑하는 사람들과 멋진 공간에서 좋은 만남을 기대한다. 그 만남은 누구라도 자격이 있다. 오늘도 글벗을 만나러 도서관으로 향하는 발걸음이 가볍다.

편견에서 벗어나다

　퇴근길의 발걸음이 가볍다. 제2의 인생에서 일터가 있는 삶에 감사한다. 인생 후반기에는 하루를 보낼 수 있는 일터야말로 건강을 유지하는 비결 중의 하나이기도 하다. 금곡동 Y 아파트 앞 횡단보도에서 젊은이가 어눌한 말투로 내 얼굴 앞으로 휴대전화를 내민다. 고개를 돌려 보니 다리까지 불편한 장애인이 간절한 눈빛을 보내온다.

　어디서나 내 일이 아니면 휘말리는 게 싫어 오지랖 넓게 끼어들지 않는 편이다. 선한 사마리아인으로 도움을 베풀다가 억울하게 치한으로 몰릴 수 있어 남의 일에는 무관심해지려고 애쓴다. 오래전 퇴근길에 담배 피우는 고교생에게 충고하다가 봉변을 당한 트라우마도 남아 있다. 그냥 못 본 체하고 지나가는 게 상책이다.

　장애인을 만나면 늘 떠오르는 아이가 H다. 초등학교에는 그 아이들을 위한 통합교육반이 운영되고 있다. 특수 교사가 학생을 전담한다. 그들도 완전한 인격체의 국민인 만큼 비장애인과 같이 공부할 수 있어야 한다. 불편함은 다소 있더라도 한데 어우러져 살아가는 데 큰 어려움이 없어야 한다. 장애인의 반대어는 정상인이 아니라 비장애인이라는 말로 인식된 지 오래다. 비장애인도 교통사고, 산업재해, 안전사고로 장애인이 될 가능성은 언제든 열려 있다. 지금은 임신 초기 검사를 통해 미리 알 수 있어 장애를 안고 태어나는 사람보다 후천적 장애인이 더 많은 실정이다.

H의 어머니는 H를 친할아버지 집이 있는 창원의 특수학교로 전학 보냈다. 인사성이 바른 아이를 자주 만날 수 없는 게 아쉬웠지만 그곳에서도 변함없이 잘 적응하리라 믿었다. 주말에 어머니를 만나러 집에 오는 날은 인사차 들리는 인정 많은 아이다. 지난 시절이 그리워 찾아오면 함께 추억을 나눈다. H의 어머니는 장애로 태어난 아이가 신이 준 선물이라 생각하고 있다. 자녀에 관해 인성교육을 착실히 시키는 모습이 눈에 선하다.

장애인이 보내는 눈빛에 횡단보도 신호등이 얼른 바뀌길 기다린다. 빨간불이 된 지 십여 초도 지나지 않았는데 그를 피하고 싶은 마음에 고장이 아닌가 싶어 불평한다. 칠 년째 같은 길로 출퇴근하고 있어도 고장 난 적이 한 번도 없었다. 잘 작동 중인 신호등을 탓하는 건 불필요한 마찰을 피하고 싶어 마음이 초조하다는 것이다. 타인을 배려하는 사람들 덕분에 사회는 밝아진다며 목소리를 높이던 때가 있었다. 젊은이와의 불편한 만남을 피하고 싶은 순간을 스스로 들킨 듯하여 얼굴이 붉어진다. 아직 인성이 부족한 나 자신을 탓할 수밖에.

장애인의 휴대전화가 다시 한번 내 얼굴 앞에 왔다. 더는 외면할 수 없었다. 뭔가 도움을 요청하는 간절한 몸짓인 것을 뒤늦게 깨달았다. 큰 사고로 119에 도움을 요청하는 건 아니라도 그에게는 절박한 일일지도 모른다. 처음부터 직감으로 알아채야 하는데, 두 번째라도 외면하지 않은 게 다행이다. 뜻밖에 일이 생겨 신호를 보내도 받는 사람이 예사로 생각하여 지나치는 게 다반사다. 그가 나 이전 여러 사람에게 외면당하지 않았다고 믿고 싶다.

전화를 받자마자 아이의 아버지가 고맙다며 위치부터 먼저 묻는다. 두 번 만에 받은 내가 도리어 미안하다. 아버지에게는 천금 같은 자식이 연락되지 않으니 얼마나 애가 탔을까. 부모와 통화가 안 되면 집을 찾아가는 데 어려움이 있을 텐데, 안도의 한숨이 나온다. 금곡동 Y 아파트 앞이라고 하니 집에서 멀리 떨어진 그곳에 왜 갔는지 이유를 모르겠다고 한다. 해운대 방향으로 가는 도시철도 2호선 열차를 태워 주면 아이가 모 구청 앞에 내려 집으로 찾아온다는 것이다. 어려운 부탁이 아니다. 매일 도시철도를 타고 출퇴근하는 처지니 어렵지 않게 아이를 태워서 보낼 수 있었다.

장애인이 내 앞에 휴대전화를 내민 건 이곳 위치를 몰라 전화 받는 아버지에게 알려 달라고 요청한 것이다. 길을 잃어버린 것도 모르고 처음부터 외면한 이유를 생각해 보니, 고등학생의 흡연 사건이 은연중에 영향을 미친 듯하다. 그 아이는 반복 교육 덕분에 아버지와 통화하여 집을 찾아갈 수 있었다. 비장애인이든, 장애인이든 반복 학습하면 불가능은 없다는 걸 실감한 날이다.

지난날에 전직 대통령을 비롯하여 이름깨나 있는 사람들이 장애인을 비하하는 것을 매스컴에서 수없이 보았다. 근래에는 모 기관장이 모임에서 발달장애인을 왜 낳았냐고 비하하여 부모와 장애인 단체의 거센 항의를 받기도 했다. 인격도 제대로 갖추지 않은 사람이 구민을 위해 봉사하고 있다니 한숨이 나온다. 구민이 만들어 준 자리를 영원히 자기 것인 양 착각하는 오만함에 고개를 돌렸다.

우리나라는 장애인이 살기 힘든 곳이다. 집 근처에 특수학교가 들어선다는 보도만 있어도 집값이 내려간다고 반대하는 데모를 한다. 집값 하락은 핑계에 불과하고 궁극적으로 장애 아동에 대한 편견과 거부가 큰 이유가 아닐까 싶다. 특수학교뿐만 아니라 화장시설, 쓰레기 소각장, 폐기물 처리장이 자기 동네 근처로 들어온다는 소문만 나면 님비 현상이 발동한다. 평소에는 주민 간에 단결이 안 되어도 데모할 때는 한 팀이다. 예전에 서울에서 특수학교 설립을 위해 장애인을 둔 학부모가 무릎을 꿇고 눈물로 호소한 적도 있다. 모 공단 지역 안에 있는 S 특수학교는 교육환경이 안 좋아 옮겨야 하는데 아직도 갈 곳이 없는 형편이다.

부산 ○○○복지관도 설립할 때 H, Y 아파트 사이에 있어 지역 주민들의 반대가 있었으나 지금은 아름다운 동행을 하고 있다. 장애인과 비장애인이 가는 길은 똑같다. 복지관에서 개최한 행사에는 늘 주민들을 초대하여 같이 즐기는 프로그램을 만들어 상생한다. 장애인에 대한 편견이 없어질 때 진정한 한마음이 된다.

장애인의 아버지에게 도시철도 열차를 잘 태워서 보내겠다고 말하며 아이 때문에 고생 많다는 말을 전하는데 나도 모르게 울컥했다. 부모도, 아이도 사회의 뿌리 깊은 차별을 잘 극복한 모습이다.

젊은이에게 도시철도를 타면 집에 찾아갈 수 있느냐고 물어보니 고개를 끄덕인다. 장애인에 관해 편견에서 벗어날 수 있었던 소중한 경험 덕분에 나는 더는 낯선 이가 보내는 도움의 눈빛을 외면하지 않는다. 이런 배려의 경험이라면 언제든 환영이다. 다음번에는 내가 먼저 다가가 선뜻 말을 걸 것이다.

유언

 키보드가 무단가출했다. 주말에 컴퓨터를 켜고 「숲속에 폭포가 있다」라는 초고를 퇴고하려는데 키보드가 움직이지 않는다. 일 년 내내 하루도 쉬는 날 없이 혹사한 게 원인일지 모른다. 그는 소리 소문도 없이 내 곁을 떠났다. 십여 년 동안 정이 들었는데 집을 나가려면 작별 인사라도 있었으면 덜 섭섭했을 거다.
 전날 저녁에 사용할 때도 아무런 귀띔이 없었는데 밤새 집을 나가고 말았다. 글 쓰기 좋은 휴일인데, 늦은 밤까지 귀가하지 않으면서 재회가 어렵다는 걸 알았다. '숲속'이라는 글자를 쓰려고 하는데 초성인 'ㅅ'이 안 나오고 그 자리에 커서만 깜박인다. 아무리 엔터를 쳐도 ㅅ이 어디를 갔는지 소식이 없다. 화가 나서 힘껏 두드려도 반응이 없다. 지금껏 한 번도 주인의 말을 거역한 적이 없는데 이유를 알 수 없었다. ㅅ만 가출한 게 아니라 ㅂ, ㅈ, ㄷ 순으로 연대하여 동조했다.
 한글 자모 중 첫째 줄 초성과 모음만 가출이고, 둘째·셋째 줄 초성과 모음은 묵묵히 집을 지키고 있다. 생각을 바꿔 밤낮 글을 쓰는 주인이 안쓰러워 주말 휴가를 준 거라고 좋게 생각하기로 한다. 쌍방 간에 서로 합의가 안 되었는지 첫 줄만 대우가 나쁘다고 집을 나갔다. 무단가출이라 할지라도 그동안 봉사해 준 고마운 마음에 나쁘게 말하고 싶지는 않지만, 그래도 사전에 이야기해 주었으면 좀 좋을 텐데. 퇴고는 언제든지 하면 되니, 꼭 주말에 해야 할 이유는 없다만. 마감일이 정해진 원고도 아닌 만큼 언제든 할 수 있어 마음을 넉넉히 가져 보기로 한다.

유명한 K 소설가는 컴퓨터 대신에 연필로 글을 쓴다고 한다. 장편소설을 연필로 쓰면 시간이 오래 걸릴 텐데, 긴 시간 연필을 쥔 손가락은 괜찮을지. 편리함보다 오랜 세월 익숙한 습관에 따라 글을 쓰는 그가 이해되지만 보통 사람은 실천하기가 어렵다. 사각거리는 연필이나 잘 굴러가는 볼펜을 사용하면 좋은 글이 나올 듯도 하다. 컴퓨터가 나오기 전에는 볼펜으로 글을 쓴 걸 떠올려 보면 오래된 습관을 유지하는 소설가의 고집스러운 열정이 보인다. 그것은 그의 올곧은 작가 정신이 아닐까 싶다.

컴퓨터를 사용한 이후로 글쓰기가 편해졌다. 컴퓨터로 글을 쓰면 저장하기도 좋고, 퇴고하기도 쉽다. 원고도 따로 보관할 필요가 없이 유에스비 두 개 정도만 저장해 놓으면 한 개는 분실해도 걱정할 것 없다. 필요할 때 언제든지 사용할 수 있어 편리하다. 몇 년 전 바탕화면에 저장된 원고가 바이러스에 감염되어 끝내 복원하지 못해 어려움을 겪은 걸 반면교사로 삼는다. 유비무환의 정신은 군대뿐만 아니라 글 쓰는 사람에게도 필요하다.

벼르고 있던 토요일의 글쓰기가 멀어져도, 책과는 떨어질 수 없다. 신중년에 찾은 즐거움이 문학이다. 문학의 장르 중에서 수필이 나와 궁합이 맞다. 학창 시절의 꿈을 늘그막에 이루고 난 이후 삶이 달라졌다. 젊을 때는 아등바등 살아도 지금은 여러모로 여유가 있다. 읽는 것도 좋지만 쓰는 재미도 못지않다. 내 가슴속에 묻혀 있는 감정을 밖으로 꺼내며 희열을 느낀다. 하루 동안 글쓰기를 하지 않으면 가슴이 답답해져 옴을 느낀다. 문명의 이기에 길들어 있어 컴퓨터 없이는 글도 쓸 수 없을 것 같다.

글은 쓸 수 없어도 컴퓨터와 친구가 되는 것은 변함없다. 키보드가 말을 안 들어 퇴고는 할 수 없어도 유튜브로 수필에 관한 내용을 듣는다. 강의는 글쓰기에 도움이 될 수 있어 한 번씩 듣곤 한다. 즐겨 보는 프로는 서너 종류가 있어도 머리에 쏙 들어오는 내용은 수필뿐이다. 유튜브에 나오는 뉴스는 잘 믿지 않아도, 문학에 관한 다른 사람의 이야기는 들을 만하다.

글을 쓰다가 피곤하면 유튜브로 음악을 감상하기도 한다. 음악회에 가는 시간과 경비도 절약할 수 있다. 평소에 좋아하는 강혜정, 손열음의 노래와 연주를 즐겨 듣는다. 회원으로 있는 음악회에 참석할 수 없으면, 다음 날 바로 유튜브로 감상할 수 있어 아쉬움을 조금은 달랠 수 있다.

글 언저리에서 벗어난 지 이틀째다. 토요일은 유튜브로 시간을 보냈으니, 일요일은 다른 즐길 거리를 찾아야 했다. 집에서 보내는 것도 좋지만 사람들이 잘 다니지 않는 곳으로 가려면 산이 좋다. 조용한 곳으로 가야 독서도 할 수 있다. 읽을 책과 퇴고할 원고를 배낭에 넣는다. 숲속에 있는 증산정甑山亭은 찾는 사람이 별로 없어 독채를 전세 낸 기분이다. 상쾌한 산 공기를 마셔 가며 원고를 읽으면 고칠 데가 한두 군데 아니다.

컴퓨터 가게 주인과 전화로 키보드에 관해 이야기를 나누니 연식이 오래되어 고장이 났다고 한다. 키보드는 교체하는 것 말고는 다른 방법이 없다며 새것을 권한다. 사람도 세월이 가면 질병을 앓는데, 컴퓨터도 예외가 아니다. 다행스럽게 본체는 이상이 없고 키보드만 고장이라 적은 돈으로 바꿀 수 있었다.

키보드를 교체하니 글이 술술 나온다. 값비싼 골동품이 아닐 바에야 뭐든 새것이 좋다. 새 키보드는 가출하지 않고 오래 동거했으면 한다. 본체와 모니터도 밤새 안녕을 고하는 일이 없었으면 좋겠다. 긴 세월을 동고동락하는 동안 정이 들어 애착이 가는 물건이라 배신은 하지 않으리라 믿어 본다. 사람도 오랫동안 만나면서 지내면 인정이 많은 것처럼, 물건도 오래 가지고 있을수록 정이 더 든다.

이틀 동안 키보드가 없어 불안하고 답답했는데 영영 없어진다면 일상이 어떻게 변할까. 사는 동안 익숙한 것에서 헤어져야 할 준비를 해야 한다. 사람도 가족과 헤어지는 게 슬픈 일이지만 언젠가는 혼자서 하늘나라로 간다. 키보드가 가출한 것은 미리 가족과 이별 연습을 하라는 충고 같다.

지금 돌이켜 보면 그는 숨이 넘어가면서도 주인에게 마지막 봉사를 끝낸 후, 주말 이틀 동안 휴식을 주고 갔다. '주인님, 쉬면서 하세요.' 키보드 소리가 유언처럼 들리는 듯하여 심호흡 크게 한 번 하고 가슴을 쓰다듬는다. 십여 년 내내 쉬는 날도 없이 봉사한 그가 고마워 신문지에 싸서 책상 서랍에 고이 모셨다. 키보드의 고마움을 알고 있어 전자 폐기물로 버릴 수는 없다. 원고가 써지지 않는 날에는 서랍을 한 번씩 열어 그의 유언을 듣는다.

선생님이 그립다

 음악 수필집을 한 권 받았다. 책 표지에 음표와 조표가 그려져 있어 어떤 내용일지 호기심이 일었다. 음악 감상이 상처 입은 마음을 치유하듯이, 책도 그랬으면 하는 심정으로 서가에 꽂지 않고 책상 위에 올려놓는다. 저자의 따뜻한 정이 전해 오는 듯하다.
 노래를 좋아하면서 음악책에도 관심이 생겼다. 선물로 받으면 고마운 마음에 바로 읽지만 때로는 서너 달을 묵혀 두기도 한다. 글쓴이에 대한 보답은 잘 읽어 주는 것이니 의자에 앉아 편안한 마음으로 보고 싶어서다. 책을 읽다가 참고할 글이 있으면 신기루를 발견한 듯 눈이 번쩍 뜨인다. 음악을 들으며 감동으로 전율을 느끼는 것처럼 마음에 드는 좋은 문장을 만나면 나만의 것으로 만들고 싶다.
 까까머리 중학교 2학년까지 음악 과목에는 영 취미가 없었다. 3학년 때 부임해 온 선생님은 자상한 분이어서 기억에 또렷이 남아 있다. 첫 시간에 칠판에다 악보를 그려 놓고 계이름을 읽으라는 말에 가슴이 철렁했다. 악보를 볼 줄 모르니 계이름은 더더욱 알 수 없었다. 음표가 콩나물로 보이는 것은 실력이 부족하니 어쩔 수 없어도, 친구들 앞에 무지가 탄로 나는 게 더 창피했다.

삼십여 초 동안 고개만 푹 숙이고 있다가 용기를 내었다. "계, 계이름을 모릅니다." 더듬거리며 대답한 후 혼이 날 것을 기다리고 있었다. 선생님은 잠시 침묵을 지키더니 이내 "허허." 하면서 웃고는 읽지 못한다고 자신감 있게 말하는 게 마음에 든다고 했다. "그럼, 일 년 동안 같이 맛있는 콩나물국을 끓여 보자." 그 말을 듣는 순간 긴장이 풀리면서 안도의 한숨을 내쉬었다. 선생님의 사랑으로 음악에 흥미를 갖기 시작한 순간이다.

꾸중 대신에 용기를 북돋워 주는 말에 음악 시간을 기다리는 학생이 되었다. 음악 공부의 기초라 할 수 있는 계이름조차 몰랐던 내가 용기를 내어 노래도 흥얼거릴 수 있었다. 선생님이 계이름을 물은 건 시골 중학생들에게 시험을 보기 전 음악에 관심을 두도록 귀띔해 준 것 같다. 이내 있는 학기말 시험을 위해서는 음악도 다른 과목처럼 무조건 외웠다. 음악 점수가 좋으면 선생님에게 열심히 공부했다는 것을 보여 줄 기회이기도 했다.

인생에서 즐거움은 사소한 일이 계기가 되어 얻을 수도 있지만 또 잃어버리기도 한다. 사춘기 학생에게 심한 질책은 훗날 올바른 길로 가는 이정표가 되기도 하지만, 한편으로는 자신감을 잃게 할 수도 있다. 꾸지람은 양날의 칼이다. 선생님의 따뜻한 말 한마디는 아이의 장래를 결정하기도 한다. 그때 선생님을 줄탁동시처럼 만난 덕분으로 음악이라는 영역이 눈에 들어와 삶이 한층 부드러워졌다.

3학년 때 외운 노래의 계이름을 아직도 선명하게 기억한다. 제목이 생각나지 않아 찾아보니 「고향의 봄」이란 동요였다. 초등학교 때 배우는 동요를 중학생이 되어서야 제대로 알았다. 고향을 떠난 지 오십여 년이 넘는 세월 동안 동창회 모임에서 자주 부르는 애창곡이다. 산골에서 태어나 어린 시절을 보낸 고향은 언제나 그리움의 대상이다.

나의 살던 고향은 꽃피는 산골 / 복숭아꽃 살구꽃 아기 진달래 (후략)
솔솔 미파솔 라라솔 솔도미레도레 / 미미레레 도레도라 솔솔솔미레도
「고향의 봄」 가사 중에서

계명도 딱 두 줄만 기억나고 나머지는 입에서 맴돌기만 한다. 중학교 때 공부한 내용을 잊지 않고 반세기가 지난 지금도 외우고 있는 것이 신통하다. 그때 음악 시험을 친다고 어렵게 암기하여 기억에 오래 남은 것 같지만 점수는 얼마를 받았는지 생각나지 않는다.

음악 선생님의 제자 사랑으로 고향의 봄은 세월이 흘러 '음악의 봄'이 되었다. 육십여 명의 친구 앞에서 계이름을 모른다고 무안을 당했더라면 음악의 '음' 자만 봐도 치가 떨려 멀리했을지 모른다. 지금은 음악도 수필처럼 떨어질 수 없는 동반자 관계다.

노래도 좋고 연주를 감상하는 것도 좋다. 선생님이 내 인생이란 호수에 돌을 던져 음악이란 잔잔한 파도가 되어 흐르고 있다.

선친을 닮아 음악에 소질은 타고나지 않아도 원망하지 않는다. 노래 대신에 다른 재주는 조금 물려받은 것 같아 고맙기만 하다. 부모의 좋은 유전자만 물려받았으면 좋겠지만 그건 욕심이다. 노래방이나 야유회를 가면 신명 나게 대중가요를 부르는 친구가 그저 부러울 뿐이다. 나는 제대로 부를 수 있는 노래가 딱 한 곡뿐이라 선뜻 나서지 않는다.

음악회는 관객과 음악가가 한 몸이 되어야 빛이 난다. 청중이 없는 썰렁한 콘서트장은 생각하기도 싫다. 성악가나 연주자가 없어 좋아하는 노래를 듣지 못하는 관객은 되고 싶지 않다. 음악 감상은 특별한 노력이나 어려움이 없어도 이해만 하면 가능하다. 음악회에서 출연자에게 손뼉 치는 모습을 보면 어느 곳에 있든 간에 즐거움은 내가 만드는 것이라 생각한다.

학부모의 악성 민원과 괴롭힘으로 선생님이 고통을 당한다는 소식을 들으면 안타까운 마음을 금할 수 없다. 선생님을 존경하지 않으면 건강한 사회가 되기는 어렵다. 음악이 내 생활에 시나브로 자리한 것은 중학교 때 그 선생님 덕분이다. 근래에 들어서 사랑으로 가르침을 주신 음악 선생님이 그립다. 언젠가 만나게 되면 지난 이야기를 하며 음악을 사랑하는 제자의 모습을 보여 주고 싶다.

책상 위에 놓여 있는 수필집에 손이 간다. 음악책을 읽는 것도, 음악을 감상하는 것처럼 정신 건강에 도움이 된다. 음악회에서 일어난 사소한 이야기를 재미있게 풀어놓아 내가 본 것 같은 착각마저 든다. "아는 만큼 보이고, 보이는 만큼 느낀다."라는 말에 공감이 간다. 음악가도 실수할 때가 있다. 음악가의 실수가 그를 더 성장하게 만든다. 어린 제자의 무지를 사랑으로 감싸 준 음악 선생님이 있어 나의 인생은 한층 더 다채롭게 무르익었다.

작은 부자

직장 동료와 재벌들의 생가를 찾아간다. 정년을 앞두고 제2의 인생을 생각하며 떠난 여행이다. 매달 받던 월급이 없어지는 게 은근히 걱정되어 하루에 세 곳의 절을 찾는 순례객 마음이다. 재벌 생가에서 조금이나마 기를 받고 싶은 욕심이 있다.

경남 의령군 관문에는 의령과 함안 사이를 흐르는 남강에 가마솥을 닮은 솥바위(정암)가 있다. 그 중심으로 반경 이십 리 안에 부귀가 끊이지 않는다고 한다. 엘지, 효성, 삼성 그룹 창업주들은 솥바위에 얽힌 전설대로 재벌이 되어 그것으로 증명이 된 셈이다. 솥바위 수면 아래에는 세 명의 재벌 창업주 출생을 예언이라도 하듯이 다리도 세 개가 있다. 창업과 입시를 앞둔 사람들이 기도를 올리고 치성을 드리면 소원을 들어준다고 하여 평일에도 찾아오는 사람이 많다.

명당터도 기업이 번성하는 데 중요하지만, 기업인의 경영 철학이나 인생관이 재벌이 된 비결이 아닐까 싶다. 재벌이 되는 길은 세 분 창업주 말씀이 아니더라도 기본적인 마음은 같을 것이라 믿는다. 한국 CCO 클럽에서 대한민국을 대표하는 경영인들의 최고 어록을 발표한 적이 있다. 고故 정주영 현대 그룹 창업주의 "이봐, 해 봤어?"가 1위다. 2위는 고故 이건희 삼성전자 회장의 "마누라 자식 빼고 다 바꿔라."이다. 3위는 고故 김우중 대우 그룹 창업주의 "세계는 넓고 할 일은 많다."라고 한다.

첫 탐방지로 진주시 지수면에 있는 '승산 부자마을'을 찾았다. 엘지 그룹 창업주인 고故 구인회 회장 생가다. 생가는 일부만 개방해 놓았다. 생가에서 느낀 첫인상은 넓은 대지이다. 부잣집 아들로 태어났다는 걸 알 수 있다. 출발부터 일반 서민들과 비교할 수 없었다. 승산마을은 전체가 재벌 마을이라고 해도 좋을 만큼 지에스, 쿠쿠전자 등 다른 재벌 생가들도 있다. 생가를 방문한다고 재물이 들어오는 것은 아니지만 마음만은 기운이 들어차는 듯 넉넉해졌다. 2018년에는 한국경영협회에서 진주시를 '대한민국 기업가 정신 수도'로 선포하기도 했다.

행정복지센터에 들러 개방이 되지 않은 집도 들어가서 볼 수 있느냐고 물어보았다. 여직원은 관리하는 사람이 싫어해 들어가기 어렵다고 한다. 아무리 재벌 생가라도 담을 넘어서 구경하고 싶은 마음까지는 없다. 창업주 생가를 개방하면 방문객들이 늘어 회사 홍보도 자연스레 될 수 있는데 닫힌 마음이 아쉽기만 하다. 재벌 생가가 사유지라 개방을 안 해도 비난할 수는 없어 발길을 돌린다.

지수초등학교는 엘지, 삼성의 창업주를 배출한 재벌 명문 학교다. 지금은 신입생 감소로 2009년 이웃의 송정초와 통폐합하여 새로운 지수초등학교가 되었다. 옛 송정초등학교로 학교를 이전하여도 지수초등학교 교명은 그대로 유지하고 있다. 옛 지수초등학교는 'K-기업가 정신 센터'로 탈바꿈하였다. 도시의 학교였다면 폐교가 아니라 전학생이 줄을 섰을 텐데. 1921년 개교하여 이듬해 세 창업주가 심고 가꾼 '부자 소나무'는 폐교와 상관없이 아직도 잘 자라고 있다.

효성 그룹 창업주인 고故 조홍제 회장 생가는 다를 것이란 마음으로 함안군 군북면으로 갔다. 군북면 행정복지센터에 전화로 개방을 부탁하니 인근에 있는 가게 주인이 대문을 열어 주면서 부자 기를 많이 받으라고 한다. 길을 가던 할머니도 발걸음을 멈추고 자원봉사자처럼 친절하게 안내해 준다. 자기 동네에 재벌이 탄생했다는 자긍심도 대단하지만, 친절한 마음도 재벌처럼 넉넉하다. 창업주가 태어난 방에 들어가 기념사진을 찍으며 부자가 되는 꿈을 꾼다. 과욕은 화를 부르기도 하지만 서민의 소박한 욕심은 삶을 비춰 주는 작은 등불이기도 하다. 희망을 잃지 않도록 오래 길을 밝혀 준다.

승산 부자마을의 재벌 생가는 일부만 관람했는데, 효성 창업주 생가는 전부 볼 수 있어 확실한 기운을 받은 느낌이다. 내게 재벌이란 말은 언감생심 꿈도 꾸지 못할 단어이다. 타고나기를 소박하여 가족이 평범하게 살아가는 데 어려움이 없으면 그걸로 만족한다. 재벌도 대통령처럼 하늘이 점지해 준다고 믿고 있다. 재벌 창업주라고 특별한 사람은 아닐지라도 생각하고 행동하는 것이 어딘지 모르게 남들과 달라야 할 듯하다.

마지막 탐방은 의령군 정곡면에 있는 삼성 그룹 창업주인 고故 이병철 회장 생가이다. 엘지, 효성 창업주 생가보다 많이 알려져서 편의시설도 잘되어 있다. 거리는 사람들로 붐빈다. 삼성 생가도 처음에는 유족들이 개방을 꺼려 의령군에서 몇 번이나 찾아가 승낙을 얻은 후에 개방했다고 한다. 우리나라 제1의 재벌인 삼성 창업주 생가는 명당이란 소문이 났다. 너도나도 소문을 듣고 부자가 되고 싶은 마음으로 찾아온다. 나도 일반 방문객과 다르지 않다.

삼성 창업주는 의령군을 빛낸 삼 대 인물 중 한 사람이다. 나에게도 의령에 인연이 있다. 수몰로 사라진 궁류면 벽계저수지 안에 외갓집이 있었다. 반세기도 더 지난 코흘리개 시절에 어머니를 따라간 게 처음이자 마지막 외가 방문이다. 의령 외갓집에 대한 추억은 그리 많지 않다. 인분을 먹여 키우던 똥돼지와, 집 앞 하천에서 물놀이한 기억만 생생하다.

재벌은 아무나 되는 게 아니니 한 번도 부러워한 적이 없다. 젊음을 바친 직장에서 물러난 후 제2의 인생은 부자가 된 것처럼 살아간다. 만족이란 내 마음속에 있는 것이지 돈이 많다고 느끼는 게 아니다. 지금껏 분수를 알면서 욕심 없이 지내 온 세월이 재벌이라 해도 무방하다. 설령 재벌은 아니더라도 성실하게 살아온 인생이 작은 부자나 다름없다.

의령은 재벌 기 받기가 끝났어도 자주 찾는 명소다. 동참한 동료가 솥바위를 배경으로 찍은 사진 세 장과 함께 편지를 건

네준다. "인생의 여정 속에 잠시 행복한 동행을 하였습니다. 만남이 있으면 헤어짐도 있는 법. (중략) 훗날 다시 만나 지난 이야기를 나눌 수 있으면 좋겠습니다." 만남 일시 2026. 1. 15. 11:00~12:00. 장소는 정암루이다. 십 년, 이십 년 후 같은 날에 시간과 장소도 똑같다. 재벌 생가 탐방 덕분에 동료들에게 작은 부자로 가는 길이 얼른 왔으면 하는 바람이다.

이모부를 만나는 날

 고마움을 전하는 날이다. 음력으로 오 월 이십 일은 하늘에 계신 이모부를 만나러 간다. 어쩌다가 기제사에 참석하지 못하면 마음이 불편하다. 이모네 부부는 내겐 양부모나 마찬가지다. 부산에서 방 두 칸짜리 전셋집에 살면서 삼 년을 넘게 불평 없이 보듬어 주었다.
 오십여 년 전, 시골의 부모님 곁을 떠나 이모네 집에서 고등학교에 다녔다. 이종 동생 네 명과 부대끼며 생활하여도 불편한 줄 몰랐다. 서민들이 살아가는 게 오십보백보인 만큼 모두 어려울 때라 가난을 느낄 수 없었다. 이모네 가족도 시골에서 올라와 형편이 어려운데 삼 년 넘게 군식구와 동거하니 불편함은 당연했으리라.
 오후에 이모네 집으로 향했다. 장맛비가 그쳐 세상이 깨끗하여 마음마저 환해졌다. 오전까지만 해도 폭우가 쏟아졌는데 이모부가 햇빛을 보내 준 것일까. 이종 동생들과는 경조사 때 일 년에 한두 번 만나지만 오늘은 더 반가운 날이다. 이모네 집에서 학교에 다닐 때를 생각하면 모두 환갑 전후 중년의 세월이 언제 찾아왔나 싶다. 이종 여동생이 추첨으로 집에서 멀리 떨어진 S 여자중학교에 배정받았을 때 약 올리던 일이 엊그제 같다. 그때는 장난이었지만 지금껏 미안한 일이다. 할머니가 된 동생에게 지금에서야 사과한다.

살아생전에 낚시가 취미인 이모부의 출조에 함께한 적이 있다. 서낙동강에서 분기되어 흐르는 평강천에 낚싯대를 드리워도 그날따라 입질은 하지 않았다. 일요일에 집에만 있으려니 답답하여 따라나섰는데 물고기를 한 마리도 잡지 못하고 돌아왔다. 나는 야외에서 맑은 공기를 마시며 하루를 보낸 게 좋아도, 이모부는 실망이 많았을 텐데 내색은 하지 않았다. 낚시는 어릴 적 고향에서 한 경험이 있어 낯설지가 않았다. 마을 앞 '월상늪'은 낚시인 사이에 인기가 많아도 동네 사람들은 없어서 안 될 귀중한 농업용수다.

제사상이 차려졌다. 기제사는 자시인 밤 11시에서 오전 1시까지 지내야 하지만 다음 날 출근을 고려하여 보통 10시 전후로 끝난다. 동생들이 절을 끝낸 후 혼자서 재배한다. 아내가 동행할 때는 같이한다. "이모부님, 학교에 다닐 때 자식처럼 보살펴 주셔서 감사합니다. 하늘나라에서는 아프지 말고 편히 쉬시길 바랍니다." 재배하면서 학창 시절의 고마움에 대한 예를 표한다. 대답은 없어도 마음은 알아주시리라 믿는다.

제사 음식은 정성이며 고인을 위한 공경의 표시다. 기제사 때마다 이모부 셋째 며느리가 고생을 많이 한다. 성인 공자가 말하는 제사는 조상의 사후 영혼을 모시는 행위가 아니라 나를 낳고 키워 준 어른에게 고마움을 표시하는 행동이라고 했다. 이모부를 기제사 때라도 뵙는 것은 살아생전의 은혜를 갚는 것이다. 제사상에 올리는 미성이 이모네 가족의 사랑에 비하면 약소할 뿐이다.

저녁은 제사를 지내기 전에 미리 해결했다. 음복은 하고 싶어도 일찍 먹는 습관이 몸에 배어 늦으면 이튿날 아침에 속이 불편하다. 11시쯤 이모님이 챙겨 주신 음식을 가방에 넣고 배웅을 받으며 나선다. 내년에는 아내와 함께 오도록 당부한다. 근래에 자주 빠진 게 서운한 눈치다. 이모네 집 근처에서 십여 년을 살았기에 아내와 정이 많이도 들었을 텐데 피치 못할 사정으로 동행하지 못해 죄송했다. 결혼 후 첫 집도 이모 소개로 샀다. 내 삶의 중요한 순간마다 이모네와 함께 지나왔으니 참 고마운 인연이다.

이모부에게 작별 인사를 하고 내일 산소에서 다시 만나기를 기약한다. 정년 퇴임 전 진주에서 근무할 때 혼자서 고향 땅에 묻힌 이모부를 찾아뵌 적이 있다. 돌아가신 후 기제사는 참석하여도 산소는 한 번도 가지 못해 늘 마음이 불편했는데 찾아뵙고 나니 홀가분했다. 올해는 주말이라 산소에 갈 기회가 또 왔다.

아침에 이종 동생이 운전하는 차량이 집 근처로 와서 대기하고 있다. 경남 의령에 있는 산소에 가는 길에 '함안연꽃테마파크'에 들렀다 가자 한다. 연꽃 단지는 삼한 시대에 낙동강 하류 지역에 있던 여섯 가야국 중 함안 아라가야의 왕궁터 근처다. 2009년 성산산성에서 칠백여 년 전 고려시대 연꽃 씨앗이 출토돼 2010년 발아에 성공하여 '아라홍련'으로 태어났다. 아라홍련 시배지는 함안박물관 옆에 있다. 천년을 간다는 연꽃 씨앗이 붉은색 꽃을 피워 아라가야를 재현한 듯 아름다운 자태를 뽐내는 여인 같다.

산소에 누워 계신 이모부도 연꽃 씨앗이 발아하듯 오늘만은 벌떡 일어나 반갑게 맞아 줄 것 같다. 이모의 이름도 연꽃을 한자로 적은 연화蓮花로 우연이 아니다. 초여름에도 연꽃 구경을 나온 나들이객이 붐빈다. 날씨가 화창한 날은 집에만 있을 수 없으니, 야외에 나가 스트레스를 풀어야 한다. 연꽃 구경이 끝나고 우리는 다시 길을 나선다.

이모부 묘지도 여느 무덤과 다름없이 풀이 무성하다. 옆에는 이모부 남동생 묘도 조성되어 있다. 종이컵에 소주를 한 잔 부어 상석에 올리고 재배로 인사를 고한다. 편안한 낮잠을 들었다 깨어나 환한 얼굴로 맞이하는 이모부의 웃음소리가 들리는 듯하다. 산소에 갔다 온 후 모든 게 잘 풀려 이모부가 하늘에서 돌봐 준 덕분이라 믿고 있다. 무덤 옆에는 가묘 두 기가 주인을 기다린 지 십 년이 훨씬 넘었다. 가묘를 보는 이모의 마음은 어떠할지 짐작한다. 사람은 이 세상에 왔다가 일찍 저세상에 가느냐 늦게 가느냐 하는 차이뿐이다.

요즘은 승용차가 무덤 가까이 가야 명당이라고 한다. 산소가 산 중턱에 있으면 후손이 한 번 찾아가기도 어려운 시절이다. 이모부는 명당자리에 누워 후손들을 잘 보살펴 주고 있는 게 분명하다. 이모부를 생각하면 아이들 교육 때문에 도시로 와서 아등바등 사시다가 일찍 하늘나라로 간 것 같아 마음이 아프다. 이모네 집에서 보낸 지난 세월을 생각하면 부모님만큼 깊은 정이 들었다. 그 고마움은 늘 가슴에 새기고 있다.

 이모부님, 내년에도 만나기를 기약하며 하늘나라에서 편히 쉬세요.

제2부
아내의 빈자리

늦게 피어난 꽃
짜장 콘서트
석류나무 집
생리대를 찬 남자
동반자
아내의 빈자리
귀향
금자의 소망

늦게 피어난 꽃

늦깎이다. 어릴 때부터 특출하게 잘하는 게 없어 그저 평범하게 자랐다. 작가들은 대부분 초등학교 때부터 백일장 등에서 능력을 발휘하는 경우가 많다고 들었는데 나는 고등학교 2학년 때 교내 글짓기 대회에서 겨우 상을 받았다. 기분이 좋아 부상으로 받은 공책 다섯 권 중에서 한 권은 아직도 보관하고 있다. 빛이 바래 곰팡내가 나도 버릴 수 없는 기념품이다.

부모로부터 글쓰기 재능은 물려받지 못했다. 그 대신에 부모님의 감성은 물려받은 것 같아 고마운 마음을 간직하고 있다. 글재주만 믿고 공부하지 않는 것보다, 늦더라도 노력하는 사람이 성공하는 법이다. 늦게라도 글 밭에 들어선 걸 다행으로 여긴다. 남보다 조금 늦을지라도 꾸준히 공부하면 꿈은 이루어지리라 믿고 있다. 문학적 재질이 부족해도 독서와 습작이 잘 버무려지면 좋은 작품이 나오려니 위로한다.

이십 대 후반이 되어서야 옳은 직장을 다니면서 독서 습관이 서서히 글쓰기로 변했다. ○○부에서 발행하는 비매품 월간지에 일 년에 두어 번 정도 기고를 했다. 박봉의 생활이라 원고료가 탐이 나기도 하여 쓴 글이다. 근무 중 평소에 겪을 수 없는 일을 하는 날이면 뒷날 글로 표현하였지만 지금 읽어 보면 잡문이다. 반짝이는 소재는 무궁무진하여도 맛깔나게 표현할 솜씨가 없어 제대로 쓰지를 못했다.

늦은 나이에 말단부터 시작한 직장 생활에 스트레스가 많았다. 젊은 사람이 먼저 발령받았다는 이유로 선임 행세를 하는 게 마음에 내키지 않았다. 지금은 선후배를 거의 따지지 않아도 그 당시에는 심했다. 모든 스트레스를 단번에 날릴 수 있는 게 글쓰기였다. 남들이 가지지 못한 능력이라 생각하고 꾸준히 글을 발표한 게 수필을 쓰는 데 밑거름이 되었다.

십여 년을 다른 지역에서 근무할 때는 배낭을 메고 산으로 가거나 책을 보는 게 낙이었다. 잡기를 할 줄 몰라 친한 동료는 대부분 등산 동호인이다. 문학을 좋아하는 직원이 없어 아쉽기는 해도 독서가 직장 생활의 힘듦을 덜어 주었다. 독서에서 한 발 나아간 글쓰기는 객지 생활의 외로움을 달래 주었다. 사십 대 초반 모 신문사에 발표한 글로 중학교 친구에게 연락받은 게 큰 수확이어서 기억에 오래 남는다.

정년 퇴임을 앞두고 문단의 말석일망정 꿈을 이루었으니 기쁨은 컸다. 뭐든지 시작하면 끝까지 하는 성격이지만 도전은 쉽지 않았다. 일찍부터 두각을 나타내었으면 이름난 작가가 되었을 텐데 하는 아쉬움이 들지만 내 능력은 내가 잘 안다. 신은 공평하게 한 사람에게 모든 걸 다 주지 않는다. 나에게 있는 재능은 노력하는 의지뿐이다.

직장 생활을 무사히 끝내고 본격적인 수필 공부를 시작했다. 글쓰기가 밑바탕이 되어 주었지만, 수필 쓰기는 또 달랐다. 기본적인 형식을 따라야 하는 게 처음엔 쉽지 않았다. 뭐든 늦깎이는 이래저래 힘이 드는 모양이다. 그간 짝사랑한 수필이 아무리 어려울지라도 쓰는 즐거움에 만족한다. 좋은 작품이 아닐지라도 창작의 기쁨은 독서와 견줄 수 없을 만큼 희열이 크다.

학창 시절의 희망은 작가와 교사였다. 작가는 늦깎이로 이루어도 교사는 영영 꿈으로 끝난 것 같아 미련이 남아 있다. 인생 2막에 인연이 닿아 학교에서 근무할 기회가 찾아왔다. 선생님이 되려는 꿈은 절반쯤 이룬 것이나 다름없으니, 꿈이 있는 곳에 길이 있다는 말은 허언이 아니다. 세상살이가 내 마음대로 되지 못해도 후회는 없다.

인생에서 소년등과가 무조건 좋은 것만은 아니다. 젊어서 출세하면 종종 독선과 아집에 빠져 교만해지기 쉽다. 이른 나이에 출세가 가문의 영광일 수 있지만 겸손함이 부족해 불행의 씨앗이 되기도 한다. 국가대표 야구선수로 활동한 L 모 씨와 전 청와대 ㅇㅇ수석까지 지낸 K 모 씨가 대표적이다. 젊은 시절뿐만 아니라 지금도 입신양명과는 거리가 먼 나는 여전히 늦깎이다.

글쓰기는 정년이나 나이에 상관없다. 한번 작가는 영원한 작가다. 내가 겪은 일을 글로 표현하면 희열을 느낀다. 젊을 때는 시를 서너 편 발표하여도 나이가 듦에 따라 수필이 내 몸에 맞는 옷처럼 다가왔다. 하루를 온통 삶의 빛깔이 닮은 문우들과 나누는 시간은 즐거움의 연속이다. 늘 알고 지내던 지인들과는 결이 다른 상대가 문우들 만남이다. 정이 넘치는 수필의 장이 펼쳐질 때면 언제 어둠이 몰려왔는지 알 수 없이 맑음이다.

늦깎이로 문우들을 만난 게 인적 재산이다. 남자들은 직장에서 퇴직하고 제2의 인생으로 문학을 하는 사람이 많다. 여자들은 자녀를 출가시킨 후에 학창 시절 이루지 못한 문학소녀의 꿈을 되찾기도 한다. 늦깎이끼리 마음이 통했다. 모두 배우고자 하는 의욕이 넘쳐 서먹함도 사라졌다. 젊을 때 못 이룬 작가의 꿈이 스멀스멀 찾아오면 유혹을 뿌리치지 못해 서둘러 찾아 나선 이들이니 오죽 갈급할까.

세월이 갈수록 수필이 적성에 맞아 기쁨은 배가 되고 슬픔은 반이 된다. 좋은 일이나 기억에 남는 게 있으면 한 편의 글이 순풍에 돛을 단 것처럼 술술 흘러나온다. 고통스러운 일도 수필이 되면 통증은 씻은 듯 사라진다. 계절이 바뀌면 옷장의 옷을 꺼내 바꿔 입는 것과 같이 수필이란 이름으로 내 마음의 감성을 밖으로 끌어내니 글을 찾아 나서길 잘했다.

늦게 핀 꽃이 더 아름다운 건 단련된 내공이 사나운 폭풍우도 너끈하게 이겨 낼 수 있기 때문이다. 어떤 어려움에도 굴하지 않고 결실을 본 사람 중에는 운동선수, 가수, 연기자처럼 셀 수 없이 많다. 『늦게 핀 꽃이 더 아름답다』라는 수필집을 낸 문영숙 작가도 지천명을 넘어 문단에 나왔다. 온갖 괴로움을 극복하고 묵묵히 노력한 대가가 천천히 찾아왔을 뿐이다.

내 삶도 늦게 만개했다. 인생 2막에 피어나 향기가 더 진하다. 젊을 때 어렵게 살아온 고통이 늘그막에 탐스럽게 피어났다. 난 장미꽃처럼 화려하지도 않고 척박한 땅에서 누구의 돌봄도 없이 외롭게 핀 들꽃이다. 한데서 모진 비바람을 이겨 내면서 피워 어려움이 닥쳐도 잘 넘어지지 않는다. 늦깎이가 수필 나무에도 꽃이 활짝 필 수 있도록 영양분을 듬뿍 주면서 정성을 다해 키워 보려 한다.

짜장 콘서트

 음악에 조예가 깊은 스님으로부터 콘서트 초대를 받았다. 제40회 짜장 콘서트였다. 짜장면과 콘서트라니 잘 어울리지 않는 조합에 호기심부터 일었다. 콘서트의 테마는 "노래여, 겨레의 노래여"이다. 동아대 석당박물관에서 열리는 광복절 기념 콘서트라 그 의미가 더 깊다.
 이름마저 평범하지 않은 연주회다. 음악회에 어울리는 예쁜 이름이 많을 텐데 하필이면 짜장 콘서트일까. 서민들이 즐겨 먹는 음식으로 음악회 이름을 붙인 이유가 궁금했다. 처음에는 공연 장소가 중국집이 아닐까도 생각했다. 우리에게 짜장면은 중화요리의 대표 주자 아닌가. 누군가가 우스갯소리로 우동 콘서트 아니냐고 물을 것만 같다. 짜장이든 우동이든 맛만 좋으면 그저 그만이듯이, 콘서트는 관객들에게 좋은 음악만 들려주면 큰 박수를 받는다.
 2019년 새해부터 전문예술단체 '음악풍경'이 시작한 짜장 콘서트는 우여곡절을 겪으며 지금까지 이어 오고 있다. 클래식 대중화를 목적으로 매월 열리고 있어 관객들의 호응도가 높다. 첫

출발은 상가 건물 2층의 연습실 공간에서 이십여 명의 관객으로 시작되었다.

1층에 중국집이 있어 짜장면을 먼저 먹고 시작한 것이 이름으로 정해졌다. 남들이 쉽게 생각하지 못한 아이디어라 작명이 신선하다. 십이월부터 장소를 옮겨 박물관 로비에서 개최하고 있다. 적은 금액으로 클래식을 감상하면서 저녁도 해결할 수 있으니 일거양득이다. 값비싼 입장료를 내야 하는 음악회보다 부담없는 짜장 콘서트가 마음에 든다.

짜장 콘서트도 다른 음악회와 마찬가지로 코로나19를 피해 갈 수 없었다. 코로나19가 한창일 때는 관객의 수가 제한되다가, 지금은 오십여 명 예약을 받는다. 유월에는 한국전쟁 당시 임시 정부 청사였던 이곳 석당박물관에서 "한국전쟁 73주년 기념: 피란 수도 1,000일, 부산의 노래"라는 주제로 열렸다. 전쟁의 아픔이 생각나 마냥 즐길 수만은 없었다.

사람은 누구나 제자리에 있을 때 가장 빛난다. 음악가의 제자리는 무대이다. 자주 무대에 서서 관객들에게 좋은 음악으로 감상할 기회를 만들어야 한다. 그들이 닦은 실력을 무대에서 발표하지 않으면 누가 알아주겠는가. 진정한 음악가란 죽을 때까지 관객들과 같이 호흡하고 눈을 맞춰야 한다. 관객들의 성원이 많으면 많을수록 유능한 음악가로 가는 길이다. "배는 항구에 있을 때 가장 안전하지만, 그것이 배의 존재 이유는 아니다."라는 말과 같다.

오늘은 청춘의 피가 끓을 때 가슴을 뛰게 한 가요도 한 곡 있었다. 통기타 가수 양희은 씨가 부른 데뷔곡 「아침 이슬」이다. 작사와 작곡을 한 고故 김민기 씨가 먼저 불렀지만, 별 인기를 얻지 못했다. 원작자가 불러 반응이 없자, 호소력 있는 맑은 목소리의 양희은 씨가 불렀다. 아름다운 가사에 울림이 더해지니 팬들의 호응은 폭발적이었다. 그런 연유로 나이가 들어도 양희은 씨를 좋아하여 「아침 이슬」을 흥얼거린다. 젊은 세대가 아이돌을 좋아하는 것처럼 그녀를 말없이 응원하는 팬이다.

학창 시절 양희은 씨의 노래가 좋아 구입한 엘피판 세 장이 아직도 책꽂이에 나란히 꽂혀 있다. 서너 달은 용돈이 부족하더라도 부모님께 손을 벌릴 처지가 아니니 굶다시피 하며 모은 거다. 가정 형편이 어려워 전축은 비싸서 사지 못해 감상할 수 없어도 레코드판을 보는 것만으로 만족했다. 제1집에는 운동권 학생들의 대표적 노래인 「아침 이슬」이 실려 있다.

책꽂이에서 스테레오 레코드판을 꺼내 다시 본다. 젊은 여성이 눈앞에 나타난다. 운동화도 예쁘고 청바지도 마음에 든다. 가난한 음악도가 입은 수수한 줄무늬 조끼의 옷차림도 산뜻하다. 종이 케이스는 세월의 무게에 빛이 바래 사진이 변해도 한 귀퉁이 찢어진 데 없이 깨끗하다. 세상 물정에 어두운 시골 출신의 소년에게 연인이나 다름없는 청순한 누님 같은 가수다. 청아한 목소리를 가진 양희은 씨에게 혼을 뺏긴 게 엊그제 같은데 세월은 유수와 같아 그녀도 나도 꽤 나이가 들었다.

산골에서 도시로 유학 온 가난한 학생에게 울분을 토할 수 있는 유일한 방법은 노래와 시였다. 시와 같은 노랫말을 가진 곡을 턴테이블 위에 놓고 한 번도 들을 수 없었다는 게 아쉬워도, 지금은 유튜브로 감상할 수 있어 고마울 뿐이다. 느긋한 마음으로 학창 시절의 추억을 감상한다. 세월이 정신을 무디게 만들었어도 감정은 그 시절 그대로다.

 오십여 년 만에 짜장 콘서트에서 왕기헌 소프라노의 맑은 목소리로 「아침 이슬」을 감상한 소감은 무어라 표현할 수 없을 만큼 울림이 컸다. 세월이 갈수록 감정도 메말라 가는데 노래가 눈물샘을 자극하여 하마터면 눈물을 흘릴 뻔했다. 노래는 세월 앞에 퇴색하지 않는다. 진학과 취업의 갈등 속에서 고통스러웠던 젊은 시절에 목이 터지라 불렀던 노래다. 불볕더위가 기승을 부려 집에 가만히 있어도 땀이 흐르는 걸 무릅쓰고 콘서트를 찾은 보람이 있다.

 소프라노가 부른 「아침 이슬」을 다시 듣고 싶어 유튜브에서 찾았지만 없었다. 민중가요라 성악가는 잘 부르지 않는 것일까. 노래는 영원하여 감상할 기회는 언제나 올 것이라 믿으며 잊을 수 없는 추억의 가수 양희은의 목소리로 듣는다. 대학생 신분으로 부를 때의 단아한 모습을 기억하며 지난 시절을 회상한다. 젊을 때 그 목소리는 언제 들어도 카랑카랑하고 아름답다.

 오늘 콘서트는 광복절에 맞춰 역사적 의미가 있는 곡이 선정되어 다른 회차와 달랐다. 동요, 가곡, 가요가 장르 구분 없이 열두 곡 모두 친숙한 노래다. 관객들은 너나없이 평소에 애창하는 노래를 들을 수 있어 반응이 뜨거웠다. 성악가 목소리로 듣는 가곡도 좋지만, 나처럼 나이가 있는 사람은 가요도 감상할 수 있어서 금상첨화였다. 다 함께 노래의 마무리 곡으로 동요를 불렀다.「나뭇잎 배」가 모두를 나뭇잎 배에 태워 보내 동심으로 돌아가게 만든다.

짜장 콘서트가 끝난 후 지난날과 다름없이 중국집으로 향한다. 음악을 감상하러 온 것인지 짜장면을 먹으러 온 게 목적인지 모를 지경이다. 콘서트에 서민들이 즐겨 먹는 짜장면이 따라와서 품격이 한결 높아 보인다. 오늘 먹은 짜장면이 고급 한우와 비하랴. 음악으로 빈 가슴을 채워 힐링하고 짜장면으로 배고픔도 해결하니 고관대작도 부럽지 않다. 토요일 저녁 짜장 콘서트는 여러모로 나의 심금을 울려 가슴 벅찬 하루를 선사했다.

석류나무 집

사람은 추억 하나로 평생을 살기도 한다. 고통 속에 살아온 삶일지라도 아련히 떠오르는 기억이 한둘 정도는 있을 테다. 가난이 가슴을 짓눌러도 희망이 있기에 견디는 것이다. 나도 그런 추억이 있다. 남의 집 셋방살이에 연탄가스를 마셔도 그립기만 한 그 시절을 마음속에 꼭꼭 숨겨 놓았다.

결혼 이후 네 번째 보금자리가 엄궁동이다. 히스테리가 심한 여주인이 과년한 딸을 데리고 살던 집에서 쫓겨나다시피 이사를 왔다. 아이는 어려서 우리의 사정을 알 수 없으니 괜찮았을 테지만 아내에게는 무능한 남편처럼 보였을 거다. 가난이 죄가 아닐지라도 돈벌이가 시원찮은 남편으로는 죄인이 된 기분이었다.

이사한 곳은 복층의 단독 주택이었다. 2층에 주인이 살고, 1층에는 세 가구가 전세 들었다. 별나게 잘사는 사람 없이 형편은 모두 고만고만했다. 직장과 가까우니 조금이나마 위안으로 삼았다. 그러구러 네 집은 서로 부대끼며 한 해를 보냈다.

주인집 마당에는 밑동치가 제법 굵은 석류나무가 한 그루 있었다. 가을이 되면 여인의 입술만큼 빨간 석류가 익어 갔다. 탐스러운 석류가 입을 벌리고 터질 때는 대놓고 유혹하는 것 같아 마음이 설렜다. 주야장천 보아 온 주인은 석류에 별 관심이 없어도 전세 사는 사람은 달랐다.

갱년기 장애를 예방한다고 여자들이 더 탐을 냈다. 식물성 에스트로겐을 많이 함유해 피부와 혈관에 좋아 클레오파트라뿐만 아니라 양귀비도 즐겨 먹었다는 열매가 아닌가. 남자들은 빨갛게 익은 열매를 보며 석류주를 떠올렸다. 술은 입에 대지 못해도 석류주만큼은 먹을 수 있을 것 같았다. 다산과 풍요를 상징하는 석류 스무여 개가 꼭 다문 새빨간 입술을 조금씩 열면 내 인내심은 한계에 달한다. 석류를 향한 나의 짝사랑은 애가 탔다.

강산이 수차례 변해도 무심한 세월은 소리 없이 흘러갔다. 전세살이가 그때는 고통이었어도 돌이켜 보면 살아가는 데에 큰 디딤돌이 되었다. 젊어서 가난을 알았기에 어렵게 사는 사람의 심정도 알 수 있었다. 신혼 생활부터 부유하게 살았으면 어려움이 닥칠 때 쉽게 극복하지 못하고 주저앉았을 거다.

옛 추억이 서려 있는 전셋집 석류나무가 궁금하여 한번 찾아보기로 했다. 더 늦기 전에 가 보고 싶었다. 아내와 함께 지난주 휴일에 추억을 찾아 나섰다. 도시철도와 버스를 타고 한 시간 정도면 도착할 거리여서 반나절이면 다녀올 수 있을 것 같았다.

나는 한번 간 곳도 쉽게 찾지 못하는 길치여서 아내에게 한 달 전부터 같이 가자고 약속을 잡았다. 옛 주택이라 그대로 보존되어 있을지. 그 당시에는 단독이 인기가 많았는데 지금은 너도나도 편하다는 이유로 아파트에 살기를 원하니 그 집도 허물고 다시 짓지는 않았을까. 옛 추억에 젖어 만감이 교차했다.

엄궁동도 상전벽해였다. 아파트 단지가 산 밑까지 올라갔다. 주택은 어디를 가나 재개발 열풍에 휩쓸려 버렸다. 1980년 중반에는 단독 주택이 빼곡한 지역이지만 이렇게 변할 줄 누가 알았겠나. 둘이 한 시간을 넘게 돌아다녀도 어디가 어딘지 도무지 알 수 없었다. 발품을 판 탓에 허기까지 찾아왔다. 옛집을 기억할 것 같은 몇몇 가게에 들러 물어보아도 말없이 고개만 좌우로 흔든다.

다행히 재래시장이 도로에 일부만 편입되고 나머지는 그 자리에 남아 있다는 사실을 들었다. 시장의 위치를 알고는 전셋집 찾기 전략을 수정했다. 나는 시장이 어디에 있는지 모르지만, 아내는 여기서 장을 본 기억을 더듬어 실마리를 풀어 나갔다.

곳곳에 대단지 아파트가 들어서 있어 옛날 길을 찾기가 어려웠다. 대로가 사방팔방으로 뚫려 있어 어디가 어딘지 쉽게 알 길이 없었다. 아내는 재래시장의 냄새를 기억하듯 후각에 의지하여 옛집으로 짐작되는 지점까지 왔다. 어렵사리 찾아도 긴가민가했다. '전셋집 앞에도 새 길이 나 있어 잘못 찾은 건 아닐까.' 하는 생각이 들어 한참을 쳐다봤다. 내 집 마련의 희망을 품고 살아 온 집이 맞았다.

철 대문에 공가 안내문이 붙어 있다. 절대 출입 금지, 철거 대상물이란 글과 함께 무단출입 시 법적 조치를 취한다는 내용이다. 어느 곳에서든 안내문이나 경고판을 보면 법적 조치 어쩌고저쩌고하는 게 기분이 좋을 리 없다. 꽉 닫힌 대문 틈 사이로 손바닥만 한 마당을 비집어 보니 석류나무는 언제 없어졌는지 그루터기조차 보이지 않는다. 녹이 슨 현관문은 그 자리에 있는데 석류나무만 없어졌다. 수명을 다하여 자연으로 돌아갔을까. 좁은 땅에서 거치적거린다고 베어 버리지는 않았는지. 추억이 사라져서 서운하지만 어쩔 수 없다.

 어려운 시절을 보낸 전세방을 찾은 건 석류나무를 보기 위한 것이나 마찬가지다. 그때 주인을 만날 수 있으면 늦게라도 고마웠다고 인사를 드려야 하는데 지난 추억으로만 남은 석류나무 집이다. 그 시절은 형편이 어려워 다른 과일과 마찬가지로 먹을 수 없는 귀한 과일이 석류였다. 내 집 마련으로 단독 주택에 살면 마당에 제일 먼저 석류나무를 심는 게 꿈이었다.

 전셋집 마당에 석류가 빨갛게 익어 가는 걸 보면 따고 싶은 유혹을 느낄 때가 많았다. 가난한 부부는 욕심이 꿈틀거려도 참을 수밖에 없었다. 전세를 사는 형편에 남의 물건을 탐한다는 소문이라도 나면 발붙이기 어렵다. 누군가가 나에게 제일 좋아하는 과일이 무엇이냐고 묻는다면 그때 먹지 못한 미련이 남아서 그런지 석류라고 대답한다. 떫고 시큼한 맛이 나서 잘 먹지는 않아도 마음을 빼앗긴 과일이다.

 어려운 시절을 회상하며 마당에 석류나무를 심는 소원은 아직 이루지 못해도 텃밭에는 슈퍼 왕 석류나무 두 그루가 사이좋게 자라고 있다. 햇살이 가득한 봄날에 아내가 전통시장 앞 노점상에게 사서 심어 놓았다. 부부는 일심동체라는 의미를 담아 '남편 나무', '아내 나무'라고 이름을 지었다. 석류나무를 볼 때마다 지난 시절 추억이 몽글몽글 되살아난다. 전세살이 중에서 정이 넘치게 어울렸던 곳이 석류나무 집이다.

  젊은 시절에는 가난 때문에 모든 것이 힘들게 느껴졌지만, 나이가 들어감에 지난 고통도 아름다운 추억으로 성큼성큼 다가온다. 그때 사는 게 힘이 든다고 불평만 하고 보냈으면 가난은 영영 벗어나지 못했을 것이다. 부모에게 재산 대신 독립심을 물려받았다고 생각하니 모든 게 희망으로 변했다. 석류 씨앗 같은 여문 희망은 마음속에 잠들어 있다.

  전셋집에서 본 석류나무나 텃밭의 석류나무는 같은 나무인데 환경에 따라 느끼는 감정이 달랐다. 붉은 석류를 수확하는 날에 아내와 가난한 셋방살이 시절을 회억하며 편안한 마음으로 석류 알갱이를 한 알씩 오래 나눠 먹고 싶다. 가난이 노후에는 둘만의 이야깃거리가 되니 이 또한 상전벽해가 아닌가. 가슴에 키우는 석류나무를 텃밭에 심어 놓고 나니 이제야 숙제를 끝낸 기분이다.

생리대를 찬 남자

　난생처음 생리대가 필요했다. 마음속으로는 차지 않고 치료받기를 간절히 바랐는데 희망 사항으로 끝났다. 생리대라면 달거리하는 여자에게 필수품이지만, 남자에게는 거의 쓸모가 없는 물건이다. 남자가 무엇인가 아랫도리에 찬다면 어릴 때는 기저귀고, 늙으면 성인용 기저귀이지 생리대는 아니다.
　평생직장에 다닐 때는 특별히 아픈 데가 없어 건강은 자신만만했는데, 정년 퇴임 이후는 모든 게 달라졌다. 노후에는 건강 관리를 얼마나 잘하느냐에 따라 삶의 질이 차이가 난다. 예순이 넘어가면 사소한 병은 친구 삼아 지내야 한다는 게 거짓말이 아니었다. 나이가 듦에 따라 몸도 노화 현상으로 주인 말을 안 들으니 살살 구슬릴 수밖에 없다.
　지난 삼월이다. 항문 주위에 농양이 생겼다. 근래 들어 몸이 자주 아파 불안하다. 치질, 탈장, 대장 등을 전문으로 진료하는 B 병원에서 치루라고 진단한다. 무슨 수술이라도 쉽게 결정할 게 아니라는 걸 알지만 수술 이외는 다른 치료법이 없다고 하니 환자가 의사를 믿어야지 누굴 믿고 의지하겠는가. 암, 치매, 뇌졸중에 비교하면 심한 병이 아니라서 그나마 위안으로 삼는다.

불안한 마음에 수술은 하지 않고 치료하기를 원하였지만, 어쩔 도리가 없었다. 1차 수술은 간단하게 삼십여 분 만에 끝났고, 6주 후에 2차 수술이 중요하다고 한다. 한꺼번에 다 하면 안 되느냐고 물으니 2차까지가 한 세트라고 한다. 배구나 탁구, 테니스 같은 운동 경기에만 세트가 있는 줄 알았는데 수술에도 있다는 것을 처음 알았다.

수술이 끝나고 입원실로 돌아오니 간호사가 항문에 거즈와 함께 생리대를 착용하는 게 좋다고 한다. 변실금, 요실금이 있는 것도 아닌데 처음엔 이해가 되지 않았다. 착용을 권유하는 이유가 있을 것 같아 물어보니 명쾌한 답이 돌아온다. 수술 부위에서 분비물이나 피가 흘러내릴 수 있어 권유한다는 것이다. 수술한 곳은 민감하여 팬티형 성인용 기저귀보다 값도 싸고 실용적인 생리대가 착용감이 좋아 편하다고 한다. 생리대가 치료용이라 생각하니 거부감은 덜해도 불편함은 감내해야 했다.

생리대를 사전에 준비하지 않았기에 병원 근처에 있는 편의점으로 갔다. 크기는 알 수 없어서 그냥 중형으로 샀다. 여점원에게 생리대가 어디에 있는지 묻는 것조차 쑥스러웠다. 젊을 때 아내에게 선물이나 심부름으로도 사 준 일이 없고, 딸에게도 마찬가지다. 생리대가 어떻게 생겼는지 모르는 사람이 치료를 위해서 차야 한다니 난감하다. 그녀는 치루를 수술한 환자들이 많이 찾아와 아무렇지도 않을 텐데, 괜히 혼자서 부끄럽다. 사용하는 법도 간호사에게 묻기가 민망하여 아내에게 전화로 물었다.

몸이 아프면 모든 게 귀찮아 먹는 것도 눈에 들어오지 않는다. 잠이 보약이라 잠을 청해 보지만, 다른 환자가 옆에서 코를 고는 소리에 숙면이 쉽지 않다. 입원실은 집과 달리 불안감으로 잠도 오지 않는데 이중 삼중 고통을 더한다. 오전 세 시쯤 더는 견딜 수 없어 간호사에게 사정 이야기를 했다. 침대가 비어 있는 옆 호실로 안내하며 편의를 봐준다. 박○○ 간호사님, 당신이 천사입니다.

퇴원하는 날 고맙다는 인사에, 집에서도 생리대를 잘 착용하라는 말을 잊지 않는다. 직업 정신이 투철한 간호사를 만난 것 같아서 안심이다. 어느 직장이라도 자기 직업에 긍지를 가지고 있는 사람은 앞날이 밝다. 진심으로 환자를 생각하는 백의의 천사가 가까이 있어 치루도 금방 나을 것 같다. 세상사 변하지 않는 게 없다지만 남자가 생리대를 찬다는 걸 누가 상상이라도 했을까.

생각지도 못한 경험을 한 이후로 여자들이 새삼 다르게 보였다. 어머니도, 아내도, 딸도 생리대를 착용했건만 한 번도 그들의 고통을 이해하지 못한 지난날이 미안했다. 과부 사정은 과부가 안다는 말처럼, 여자들이 생리 기간에 성격이 예민해진다는 것도 이제야 이해가 된다. 호르몬 변화에 더해 몸에 이물질을 붙이고 있어 매사에 예민하고 짜증이 날 수밖에.

통원 치료를 하면서 2차 수술 날짜를 잡았다. 퇴직 후에는 병원비가 많이 들어가 은근히 신경이 쓰인다. 직장을 다닐 때는 몸이 아파도 돈이 아까운 줄 몰랐는데, 인생 2막에서는 수입마저 줄어들어 마음이 무겁다. 삶에서 건강보다 중요한 건 아무것도 없음을 알지만, 아픈 와중에도 병원비 걱정이 앞서는 자신이 한편으로 한심스럽다.

2차 수술도 무사히 끝났다. 1차보다는 시간이 좀 더 걸렸지만, 마음의 준비가 돼 있어 아무렇지 않았다. 생리대와 기타 준비물까지 잘 챙겨 와서 한시름 걱정거리를 덜었다. 무슨 일을 하든지 간에 사전 준비를 철저히 해야 당황하지 않고 어려움이 없다. 입원실에는 환자들이 치루, 치핵, 모소동 등 병명은 다르지만 모두 항문과 관련 있는 병으로 치료 중이다.

수술 다음 날, 농부에게는 천금 같은 반가운 단비가 내린다. 바람을 쐬러 밖에 나갈 수 없어 답답하여도 달리 방법이 없어 입원실에서 보냈다. 이틀 동안 읽을거리로 신문과 책을 두 권 가지고 왔다. 병원에서 독서할 시간은 많아도 집중이 되지 않아 무슨 내용인지 이해가 쉽지 않았다. 올해에 발행된 책만 겨우 보았다. 『겨울 원두막』 대신에 오월의 눈부신 날을 축하하는 봄의 원두막이라는 글이 있었으면 했다.

퇴원 이후에도 생리대를 착용해야 했다. 몸에 맞지 않는 옷을 입은 것처럼 어색하지만 내색은 할 수 없다. 나는 고작 서너 달만 불편함을 견뎌 냈지만, 여자들은 완경完經 하는 날까지 뗄 수 없으니 그 고통에 비하면 나의 고통은 비할 바가 아니었다. 생리대를 찬 남자가 여자의 마음을 이해하는 데는 그리 긴 시간이 필요하지 않았다. 그날만 되면 예민해지던 아내의 얼굴이 떠올랐다. 경험이야말로 좋은 선생이었다.

동반자

　신문은 아내와 나의 관계처럼 떼려야 뗄 수 없는 사이다. 이십 대에 알게 되어 오늘까지 사십여 년이 넘도록 정기 구독하여 애독자라 자부한다. 지금껏 신문 종류는 몇 차례 바뀌었으나 구독을 중단한 적은 한 번도 없다. 특별히 애착이 가거나 싫어하는 신문도 없어 그저 보는 것에 만족한다.
　아침에 일어나자마자 생수를 한 컵 마신 후 현관에 배달된 신문을 펼쳐 든다. 중앙지와 지방지를 사이좋게 각 한 부씩 보면서 상쾌한 하루를 연다. 신문은 시간에 제약받지 않고 매일 전 세계의 소식을 전한다. 적은 돈으로 다양한 지식을 얻기 좋은 게 신문이다. 수필집 한 권 값에 몇천 원만 더 보태면 한 달 동안은 세상 소식이 눈에 들어온다. 친구들이 스마트폰으로 뉴스와 다양한 정보를 얻는 게 편리하다고 해도 나와는 상관없다. 젊은 시절에 세계 여행가를 꿈꿀 때 신문이 견문을 넓혀 주는 역사책으로 이용되기도 했다.
　미국 건국의 아버지이자 3대 대통령인 토머스 제퍼슨은 "나는 신문 없는 정부보다 정부 없는 신문을 택하겠다."라고 했다. 정치인은 자기에 관한 좋은 기사가 나오면 동네방네 홍보하고 다니는 걸 좋아한다. 좋지 않은 내용이 게재되면 명예훼손으로 법적 조치 운운하는 걸 자주 본다. 국민을 들먹이며 위선에 가득 찬 정치인은 없어도 살 수 있지만, 신문이 없는 세상은 상상조차 하기 싫다. 세계의 소식을 신속하게 전해 주는 신문은 둘도 없는 내 친구다.

세월이 흐를수록 방송과 인터넷의 경쟁에서 밀려나고 있는 게 종이 신문이다. 사람들은 스마트폰이 나온 이후 뉴스나 정보를 쉽게 얻을 수 있어 신문의 중요함을 잘 모른다. 1990년 이후 컴퓨터가 보급되면서 신문도 전산화 작업으로 서서히 한자가 없어져 읽기가 쉬워졌다. 한자를 공부한 사람에게는 국한 혼용체이면 독해력이 빨라 좋은데 아쉬울 때가 있다. 신문이 지식 창고나 다름없는 훌륭한 매체임에도 차츰 구독자가 줄어드니 안타깝지만, 도울 방법은 나만이라도 평생 독자로 남는 것뿐이다.

몇 년 전 『부산일보』에서 가슴을 따뜻하게 한 미담 기사를 읽은 적이 있다. 부산 동래경찰서 내성지구대에 국제 택배 상자가 도착했다. 상자 속에는 정성스레 쓴 손 편지와 일본 과자가 들어 있었다. "소중한 핸드폰을 찾아 줘서 고맙습니다. 기회가 된다면 다시 부산을 여행하고 싶어요." 보낸 사람은 일본인 카오루 카노 씨였다. 학창 시절 외국 소녀와 펜팔을 한 추억이 되살아나 외국인에 관한 기사가 나오면 예사로 보지 않는 습관이 있어 눈에 들어왔다.

카노 씨는 중국인 친구와 함께 부산을 여행하던 중 각종 여행 사진과 정보가 담긴 휴대전화를 잃어버려 당황하고 있었다. 친구가 도시철도 동래역 인근에서 휴대전화가 없어진 것을 알고 역무안전실을 통해 경찰에 도움을 요청했다. 고○○ 순경이 이들의 동선을 파악한 후 동래경찰서 CCTV 영상을 확인한 끝에 택시에서 잃어버린 걸 알았다. 경찰관의 도움으로 두 시간여 만에 찾은 것에 감사 표시로 국제 택배를 보낸 것이다. 여행을 마친 외국인이 한국 경찰관을 칭찬하는 입소문이 나면 한국을 홍보하는 일이니, 돈으로 계산할 수 없을 만큼 큰 효과인 셈이다.

책임감이 투철한 경찰관의 행동에 마음이 따뜻해진다. 그들은 국민의 생명과 재산을 지키는 민중의 지팡이로 봉사 정신이 몸에 배어 있다. 더 많은 경찰관이 어려움을 당한 사람들에게 도움을 주었다는 기사를 자주 보았으면 한다. 경찰관뿐만 아니라 일반인들의 미담 내용도 신문에 소개되는 걸 자주 본다. 가슴이 따뜻한 사람들이 어려운 이웃에게 온정의 손길을 베풀었다는 기사가 많아 내 마음마저 훈훈하다.

신문에 애착이 가는 이유가 한 가지 더 있다. 난생처음 글을 써서 활자화된 곳이기 때문이다. 고등학교 입학하기 전 시골집에 걸인 두 명이 동냥을 왔다. 어머니는 밭에 나가고 없어 어쩔 수 없이 대신 보리쌀을 내주었다. 걸인은 의수를 보여 주며 보리쌀은 싫고 쌀을 원한다며 반협박을 했다. 어린 나이에 무서워서 쌀을 주고도 억울한 생각이 들었다. 가난이 죄는 아니나 자랑거리도 아니다. 강압적으로 구걸하는 행동이 못마땅했다. 모두가 어려울 때라 서로 도와 가며 살아도 일말의 양심은 있었으면 했다.

그 당시 시골집은 농협에서 보내 주는 『농민신문』을 받아 보았다. 걸인의 행동에 분한 마음이 들어 농민신문사에 편지 형식으로 글을 써서 보냈다. 내용이 사실이라고 믿었는지 채택되어 원고료로 오백 원을 받았다. 원고료는 그냥 집으로 보내 준 게 아니라 시외버스를 두 시간가량 타고 군내의 농협에서 찾아야 했다. 원거리라 찾는 게 귀찮아도 공돈이 생겨 기분은 좋았다. 원고료가 구걸하는 사람에게 강제로 쌀을 빼앗기다시피 한 것에 대한 보상이라 여겼다.

신문에 글이 게재된 기쁨은 오래갔다. 라디오도 귀하던 시절에 동네 사람들에게 자랑하고 싶었지만, 신문을 구독하는 집은 드물었다. 걸인에 대한 분노는 신문을 보자 봄눈 녹듯 서서히 사라졌다. 어쭙잖은 글을 실어 준 신문사가 그렇게 고마울 수 없었다. 내 글이 처음으로 발표된 신문에 대한 좋은 인상을 지금껏 간직하고 있다.

신문을 볼 때마다 미담 기사가 넘쳐 났으면 하는 마음 간절하다. 보기 싫은 기사가 많으면 세상이 어지럽다는 생각밖에 안 든다. 범죄에 관한 기사가 줄어들면 줄어들수록 정을 나누며 편하게 살아갈 수 있는 세상이 된 것 같아 안도한다. 국민에게 존경받는 사람의 근황을 들으면 기분이 좋고, 위선에 가득 찬 정치인들의 행보는 스트레스덩어리다.

신문이 나를 위해 존재하니 구독을 중단할 이유가 없다. 문화비에서 한 달 구독료는 크지 않은 금액이다. 여전히 TV 시청은 나와 거리가 멀고 매일 아침 신문으로 세계를 일주한다. 정신 건강을 위해 범죄 기사 등은 여행지가 아니라며 그냥 지나간다. 인정이 넘치는 미담은 나 혼자만 읽는 즐거움을 누리는 게 아쉬울 때가 많아 아내와 가까운 이들과 공유한다. '밝은 내용의 기사를 여러 사람이 보면 더 좋은 사회가 오지 않을까.' 하는 마음이다. 매일 아침 눈뜨면 보는 아내의 얼굴과 눈이 오나 비가 오나 현관 앞에 와 있는 신문은 내 영원한 동반자이다.

아내의 빈자리

오늘도 혼자다. 여느 날과 다름없이 외로움을 달래기 위해 숙소를 나선다. 산책에 동행할 사람이 있으면 좋지만 없어도 어쩔 수 없다. 아이들 때문에 가족과 떨어져 생활하면서 퇴근 후 산책은 자연스러운 일과가 되었다. 가벼운 마음으로 호젓한 동네를 걸으면 운동도 되거니와 마음을 안정시켜 주니 하루도 거를 수 없다.

밭둑을 돌아 나가니 매화나무가 먼저 반겨 준다. 밭 가장자리에 심은 다섯 그루에 매실이 소담스럽게 열렸다. 술을 좋아하지 않아 매실주는 거리가 한참 멀어도 매화꽃은 보기만 해도 어여쁘다. 봄의 전령사라 더욱 사랑스럽다. 퇴계 이황 선생은 유언으로 "매화 화분에 물을 주어라."라고 할 만큼 매화를 사랑했다. 선비나 평민이나 상춘객을 유혹하는 매화꽃을 싫어하는 사람은 없을 것이다.

자연과 교감하니 족히 한 시간이 넘게 걸린다. 거리 곳곳에 동백나무, 산수유나무, 사철나무가 자라고 있다. 도심에서 벗어난 조용한 동네는 어릴 적 나고 자란 시골 모습과 별반 차이가 없다. 시골이라고 하지만 주소는 엄연히 창원특례시에 속한다. 집마다 개 짖는 소리가 울타리를 넘는다. 주인집에 무단 침입하려는 자를 경계하느라 짖는 것으로 여기고 그냥 지나간다. 나는 반려동물보다는 사시사철 푸름을 묵묵히 안겨 주는 반려 식물이 좋다. 동물이나 식물이나 사랑으로 키워야 탈 없이 잘 자란다.

걷는 데는 비용이 들지 않는다. 운동화와 간편한 옷만 있으면 된다. 운동복이면 더 좋겠지만 없어도 걷는 데 불편함은 없다. 젊을 때는 이 산 저 산으로 돌아다녔어도 이제는 가벼운 걷기가 나에게 맞다. 산책길에 아는 식물을 만나 알은체하며 인사를 건네면 지루한 줄 모른다. 식물을 사랑하는 마음이 있으면 걷는 일이 온통 즐거움의 연속이다. 외로움도 떨치고, 건강도 챙기고, 식물도 감상하며 걸을 때는 늘 가슴이 벅차다.

숙소로 돌아가는 길에 직장 동료가 동부인하여 산책하는 모습을 보았다. 혼자 다니는 게 쓸쓸하여 농담을 건넨다. "산 밑에 가면 멧돼지가 나오니까 조심하세요." "내가 키우는 멧돼지입니다." "그럼 잡아먹읍시다." "다음에 초대할 때 오세요." 둘은 한바탕 웃음꽃이 핀다.

운동 친구로는 아내가 가장 마음이 편하다. 집안일이나 자녀에 대해 운동하며 이야기할 수 있어서 금상첨화다. 아내와 함께 관사에서 생활하려면 자녀가 모두 가정을 이루면 가능한데 지금은 여의찮다. 아이들이 적령기에 결혼하여 부모 곁을 떠나는 것이 효도인데 기쁜 소식을 전해 줄 생각이 아직은 없는 듯하다.

관사를 나설 때는 이름을 아는 식물에만 관심이 간다. 돌아갈 때는 가슴을 한 번 더 활짝 펴고 사방을 보게 되니 식물 천국이다. 모르는 것도 이름을 찾아서 알고 나면 사랑스럽게 보인다. 숙소에는 산세비에리아, 벵골고무나무, 남천 등 30여 종이 주인의 손길을 기다리고 있다. 화원에 가면 그냥 갖고 싶은 마음을 억누르기가 어려워 한두 그루씩 사다 보니 실내 정원이 되었다. 식물을 키우면서 아내의 부재를 위안 삼는다. 나에겐 모두 정이 가는 식물이므로 어두움이 몰려오기 전에 발걸음을 서두른다.

아내와 같이 있을 때는 잘해 주지 못해도 없으면 마음이 심란하다. 현관문을 열고 들어서니 공기가 썰렁하다. 가족이 없는 집에 혼자 생활하는 것도 고독사를 부르는 지름길이다. 혼자 살다 죽은 지가 오래되어 발견되었다는 매스컴 보도를 접할 때마다 마음이 무겁다. 부부 중에 10%가 넘게 직장이나 자녀 학업을 이유로 따로 사는 기러기 부부라는 통계가 있다. 한평생을 같이 있어도 시간이 짧은데 떨어져 살아 더 애틋하다. 이곳저곳 옮겨 가며 근무하는 기러기 부부일지라도 직장이 있다는 게 행복하다. 직장이 가정의 평화를 가져다준 셈이다.

명당 중에 제일 좋은 터는 일터고, 제일 좋은 자리는 일자리다. 이승에서는 직장이 바로 명당이다. 부부가 경제적으로 어려워 이혼하거나 자살로 삶을 마감하는 사람을 보면 직장이 얼마나 중요한지 실감한다. 남자에게 직장이 없으면 사람 노릇도 제대로 못 한다고 타박을 듣는다. 남녀 간의 결혼 조건도 1위가 경제적인 문제를 먼저 보고 다음이 사랑이라고 한다.

숙소는 온전한 나만의 공간이다. 흔한 중고 TV도 한 대 없다. 평생 TV를 보지 않고 살아왔기에 불편함은 모른다. K 모 직원이 TV도 없이 원시인처럼 어떻게 사느냐고 위로의 말을 건네기도 한다. 원시인이든 미개인이든 개의치 않는다. TV가 없어 조금은 불편하지만 생활하는 데는 어려움이 없다. 지금까지 신문과 책을 벗하며 살아온 세월이라 바보상자만 바라보고 시간을 낭비하고 싶지는 않다.

객지 생활하면서 살아가는 데 기본이 되는 의식주 중 끼니를 해결하는 게 가장 어려웠다. 구내식당을 이용할 때마다 요리하는 방법을 배웠으면 하는 생각이 들어도 용기가 나지 않는다. 식당 요리사의 솜씨가 아무리 뛰어나도 정성이 가득한 아내의 손맛보다는 못하다. 퇴직 후는 그간 고생한 아내를 위해서 간단한 요리는 할 줄 알아야 하는데 걱정이다.

밤이 되면 뭔가 잃어버린 듯 허전함이 파도처럼 밀려온다. 아내에게 당신이 옆에 있어야 한다고 넋두리를 해 본다. 돌아오는 대답은 고생이 되어도 가족을 위해서 참으라는 말뿐이다. 정년 퇴임이 다가오니 아내가 집에 없는 날을 대비하여 홀로서기를 준비해야 할 것 같다. 그날을 위해 비자금을 준비하거나 음식 만들기를 배워야 한다고 생각하면 벌써 머리가 복잡해진다.

직장 때문에 십여 년을 혼자 생활해도 제대로 만들 수 있는 음식이 없다. 아내가 없으면 못 사는 팔불출이란 소리를 들어도 웃으면서 예사로 듣는다. 불 꺼진 관사에 아내의 빈자리가 공허하여 집으로 돌아갈 날만 기다리고 있다. 객지에서 가족을 건사하기 위해 직장에 다니는 남편의 마음을 알아주리라 생각하며 잠자리에 든다. 오늘따라 아내의 빈자리가 더욱 쓸쓸하다. 부부는 둘이 아니라 하나라고 가정의 달인 5월 중에서도 21일을 '부부의 날'로 정했다. 오늘이 그날이다.

귀향

　길을 나선다. 배낭 안에는 특별히 방풍나물 씨앗도 동행한다. 텃밭에 재배하는 방풍나물의 고향이 여수 금오도다. 여수 특산품에는 금오도방풍, 돌산갓김치, 거문도해풍쑥이 있다. 상표에 지명이 붙을 만큼 이름난 먹거리다.
　여행은 어디를 가나 가슴을 설레게 하지만 섬은 또 다른 매력이 숨어 있다. 다도해 해상 국립공원에 속하는 금오도는 방풍나물과 함께 비렁길이 손님을 맞이한다. 금오열도의 서른다섯 개 섬 중에서 우두머리 격인 금오도는 황금 자라를 닮았다고 이름이 붙여졌다. 자신을 돌볼 시간도 없이 바쁘게 살아가는 현대인에게 치유의 섬으로 제격인 곳이다.
　바다는 어느 곳이나 다 비슷하다고 하지만 금오도는 나와는 특별히 인연이 깊은 곳이라 다르게 느껴진다. 직장의 동갑 부부 모임에서 금오도를 찾아간 날은 파도 한 점 없는 조용한 바다다. 부산의 바다는 해수욕장을 연상하지만, 여수의 바다는 섬을 떠올리게 한다. 비렁길은 해안 절벽과 단구를 따라 구불구불 이어진 다섯 개 코스가 있다. 비렁은 벼랑의 사투리로 정이 묻어난다.

바다를 보고 걸을 수 있는 세 번째 코스가 좋아 십여 년 전에 이어 오늘도 같은 길을 걷기로 한다. 탐방의 감흥은 일행과 계절에 따라 다르다. 직포 들머리부터 터널을 이룬 동백군락지를 십오 분가량 지나니 바다가 한눈에 들어온다. '갈바람통전망대'다. 국제 멸종위기종인 토종 돌고래 상괭이가 출몰하는 지역이라고 설명을 해 놓았다.

난 바다 전망도, 기념사진도 먼저가 아니었다. 바다를 보며 감상하라는 듯 난간에 걸려 있는 시화가 눈에 들어온다. 바다도 좋고 시는 더 좋다. 바다 수필도 있었으면 좋으련만, 수필을 쓰는 사람으로서 욕심을 부려 본다. 잠시나마 독자로서 마음의 여유를 갖는다. 김진수 시인의 「바람이고 싶어라」라는 시가 마음에 들어온다.

> 그대의 늘 푸른 바람이고 싶어라
> 세상사 무겁고 어두운 이야기들은
> 잠시 잠깐 저 바다 파도 속에 묻어두고
> (하략)

머리를 식혀 주는 봄날의 바닷바람이 불어오니 화답이라도 하듯 파도 소리가 철썩이며 지친 탐방객을 응원한다. 광활한 바다를 바라보고 서 있노라면 그간의 피로도 느낄 새 없을 만큼 매료되어 눈을 떼지 못한다. 드넓게 부는 해풍에 가슴이 탁 트인다.

바다 전망이 제일 좋은 '매봉전망대'에 발걸음이 멈춘다. 금오도 바다는 늘 그리움의 대상이었는데 직접 와 보니 보고 있어도 더욱 그립다. 비렁길 절벽이 아찔하여 오금이 저린다. 걷는 게 힘이 들어도 바다가 약이니 어디 한번 가 보자. 금오도는 한번 오는 게 쉽지 않아도 오면 풍광에 매료되어 떠나기 싫은 섬이다. 직포에서 학동까지 3.5㎞밖에 되지 않아 바다를 감상하면서 천천히 걸어도 두 시간이면 너끈하다.

비렁길로 유명한 곳이지만 난 방풍나물의 주산지로 기억할 것이다. 금오도는 우리나라 방풍나물의 60%가량 생산된다. 텃밭의 방풍을 앞집에서 서너 포기 얻어 심은 게 칠 년 전이다. 바닷가에서 염분을 먹고 자라는 식물이 도시의 텃밭에서도 사는 게 고마워 어디서 왔는지 궁금했다. 이웃사촌은 친구 아버지에게 모종을 얻어 심은 후 씨앗이 저절로 발아하여 밭이랑을 이루고 있다고 말했다. 누군가가 금오도에 여행을 갔다 오면서 모종을 가지고 와서 기장군 철마에 먼저 심었다고 한다.

지난가을에는 씨앗을 받아 그냥 텃밭 가장자리에 뿌리기만 했는데도 올봄에 싹을 틔웠다. 미나릿과에 속하는 여러해살이풀로 생명력이 강해 가꾸지 않아도 잘 자라는 까탈스럽지 않은 식물이다. 보통 이삼여 년 만에 6~8월경 흰색 꽃을 피우고 씨앗을 맺는다. 씨앗이 땅에 떨어지면 꽃대부터 서서히 마르면서 뿌리까지 죽는다. 씨앗을 받아 다른 곳에 심거나 아니면 그대로 두어도 저절로 이듬해 봄에 발아가 된다. 씨앗이 필요 없어 꽃대를 자르면 이듬해 뿌리가 죽지 않고 더 튼튼하게 자라 새순이 올라오기도 한다.

 방풍은 식방풍(갯기름나물), 갯방풍(해방풍), 원방풍(중국방풍) 보통 3종류가 있다. 금오도의 방풍은 재배한 의미가 붙은 식방풍이다. 갯방풍은 바닷가에서 자라고 원방풍은 중국에서 한약재로 수입하여 쓴다. 사월에 초록의 여린 잎을 데쳐서 나물로 먹으면 약간 쌉싸래하면서 향긋한 솔향기가 입안에 가득 번진다. 아삭거리는 식감이 좋고 부드러워 잘 넘어간다. 방풍의 원산지가 중국이지만 우리나라는 여수를 비롯하여 고흥, 포항, 태안 등지에서 재배한다. 해안가에 주로 자생하는 식물이지만 부산 바닷가에서는 잘 볼 수 없는 귀한 방풍이다.

 금오도의 산기슭 밭은 방풍 천지라고 해도 과언이 아니다. 염분을 머금은 청정 해풍을 맞고 자라 맛이 더욱 좋다. 예전에는 주로 뿌리만 약용 식물로 사용하다가 지금은 잎이 음식 재료가 되었다. 방풍으로 만든 장아찌, 진액, 담금주가 아무리 좋아도 방풍으로 만든 전이 제일 입맛을 돋운다. 풍을 예방한다고 방풍이란 이름까지 지어졌지만, 바람을 막는다는 뜻도 있어 사람에게 두루 유익하다.

 텃밭을 일구며 애착이 가는 식물이 여러 종류가 있지만, 그중에 석류나무와 방풍나물이 으뜸이다. 석류나무는 셋방살이 시절의 추억을 떠올리게 하고, 방풍나물은 금오도를 생각나게 하는 작물이다. 십여 년 전에는 산행이 목적이었는데 이번 여행은 달랐다. 아는 만큼 보인다는 말을 실감하여 사방 천지 널린 방풍에 손발이 부지런했던 누군가를 기억한다.

텃밭의 후손이 엄마의 고향 땅에서 편하게 자랐으면 하는 마음으로 비렁길 산기슭에 아내와 같이 씨앗을 뿌렸다. 그간 육지에서 고생했으니 여기서 자손을 많이 퍼뜨려 행복하게 살기를 바랐다. 금오도 방풍이 기장에서 양산으로 왔다가 다시 후손이 되돌아왔다. 방풍나물도 늘 객지에서 향수병에 시달렸을 거다. 훗날 다시 만나자고 약속하면서 귀향을 도와주니 어린 손주를 객지에 보낸 기분이다. 금오도가 방풍이고, 방풍이 금오도였다.

금자의 소망

새싹이 파릇파릇한 초봄에 일어난 일입니다. 한겨울 추위도 견뎌 내고 희망에 부풀어 있다가 영문도 모르고 정든 집을 떠났습니다. 주인에게 나를 왜 버렸는지 물어보지는 않았습니다. 좋아하다가 싫증이 나면 그간 살아온 정을 생각해서 새 주인을 찾아줘야 서운하지 않을 텐데, 아무런 말도 없이 버림받았습니다.

지난 삼월 어느 날은 잊을 수 없습니다. 밤중에 갑자기 어두컴컴한 종이 상자에 들어간 충격으로 정확한 날짜는 기억나지 않습니다. 나는 비싼 외국산이라 가족의 사랑을 독차지할 것만 꿈꾸었지 버려지리라는 생각은 추호도 하지 못했습니다. 거실을 실내 장식으로 새롭게 꾸밀 때까지 잠시만 밖에서 사는 것으로 생각했습니다. 일주일이 지나자, 내 추측과는 달리 토사구팽을 당한 걸 알아챘습니다. 기분이 좋지 않아도 주인의 처분을 기다려야 하는 반려 닭 신세라 어쩔 수 없었습니다.

전에도 주인이 금계와 간밤에 죽은 동료를 버린 게 생각났습니다. 남의 일로만 여겼는데 그들과 같은 신세가 되었다는 사실이 슬펐습니다. 아침에 일어나 두리번거려도 옆에 아무도 없어 많이 울었습니다. 반려동물을 키우는 가족에게 분양하면 되는데, 그런 노력도 없이 유기하는 이유가 전 주인의 마음을 알 수 없습니다. 무엇보다 베란다에서 더위와 추위를 피해 살면서 주인을 불편하게 한 일이 없었으니까요. 같이 살 때는 몰랐는데 버림을 받고 나서 생각하니 참 인정 없는 주인이라는 걸 새삼 깨달았습니다.

나는 몸집도 작고 처음 보는 닭이라 선뜻 데려가는 사람이 없었다는 것을 늦게야 알았습니다. 일주일 후에 운이 좋게 새 주인을 만났습니다. 아파트 단지에 유기된 닭이 있다는 소문을 듣고 옆 아파트에 사는 오십 대 아저씨가 키우고 싶어 했다나요. 나를 데려가며 아저씨가 하는 말을 들었답니다. 반려 닭의 값어치를 아는 새 주인을 만났다고 생각하니 그간 설움은 다 사라졌습니다.

반려 닭도 사람처럼 살던 집에서 다른 곳으로 옮겨 가면 적응하는 게 쉽지 않습니다. 새 주인에게 사랑을 받기 위해 아양도 떨어야 다시 버림받지 않습니다. 낯선 환경에 적응하면서 음식도 입에 맞추어야 하고 잠자리는 또 얼마나 시간이 흘러야 익숙해질까요. 성질 고약한 가족이라도 있으면 그것 또한 골치 아픈 일입니다. 반려 닭으로 사는 어려움이 한두 가지 아닙니다. 나도 다른 반려동물인 개나 고양이처럼 사랑을 듬뿍 받으면서 자랐으면 합니다. 행여 주인에게 사랑을 받지 못하여 성격이 거칠어질까 염려됩니다.

새 주인 어머니는 처음에 내가 수컷인지 암컷인지 정확히 몰라 금복이, 금순이, 금자로 부르곤 했습니다. 나를 키우기 위해 시장에 들러 새장을 사 왔습니다. 토종닭과 달리 덩치가 작아 새장에 키워도 된다고 생각한 것 같습니다. 닭장으로는 너무 작아 움직이는 데 불편하다고 울어도 모르는 체하고 있어 서운했지만, 같이 사는 것으로 만족했습니다. 주인 어머니는 나의 울음소리와 함께 달걀을 낳고서야 암탉이라는 걸 알았다고 합니다. 암탉이라는 건 알아도 정확하게 무슨 종인지 모르고 있었습니다. 인터넷에서 찾은 결과 이탈리아산 안코나(Ancona)일 것으로 생각했답니다.

내가 암탉이라는 걸 알고서는 '금자'로만 부릅니다. 금복이, 금순이보다 금자가 마음에 들었다고 합니다. 2005년 「친절한 금자씨」라는 영화가 나올 만큼 이름은 부르기가 쉽습니다. 요즘은 여자 이름에 순, 자, 숙은 잘 쓰지 않아도, 금자라는 이름은 정답게 느껴집니다.

새 주인을 만난 지 두 달 후 무정란을 이틀에 한 개씩 낳았습니다. 식탁에는 가끔 달걀찜이나 달걀말이가 올라 가족의 영양을 보충해 주었습니다. 하루는 2세를 보고 싶어 닭장에서 나오지 않고 포란하는 시늉을 하며 죽은 듯이 가만히 있었습니다. 주인이 나를 거실로 나오게 하려고 잠을 때 손등을 쪼았습니다. 모성애를 모르는 사람이 미웠습니다. 닭을 키우는 지인에게 나의 습성을 물어본 후에야 달걀을 내 품속으로 넣어 주었습니다.

몸집이 작은 나에게 여섯 개는 다 품을 수 없어 두 개는 밀쳐 내었습니다.

사랑스러운 새끼를 보기 위해 부드러운 가슴털도 뽑았습니다. 짚과 가슴털로 만든 둥지는 병아리가 다칠 염려도 없습니다. 나도 어미 닭이 된다는 생각에 가슴이 떨리기도 했습니다. 부부가 아이를 낳으면 집안의 경사라 웃음꽃이 피듯이, 나도 새끼를 부화하여 얼른 어미가 되어 주인을 기쁘게 해 드리고 싶었습니다. 혼자서 달걀을 품는 게 무척 힘이 들었지만 정확하게 이십 일 만에 병아리가 세 마리 태어났습니다. 한 개는 부화가 되지 못했습니다. 예정일보다 하루 일찍 삐악삐악하는 소리가 들려 알았습니다.

줄탁동시란 말도 있지요. 병아리가 알에서 나오기 위해서는 새끼와 어미 닭이 안팎에서 서로 쪼아야 한다는 뜻입니다. 그만큼 알을 깨고 세상에 나오기가 쉬운 일이 아닙니다. 세 마리 가운데 두 마리는 일찍 저승으로 가고 청계 한 마리만 중닭이 될 때까지 자랐습니다. 어느 날 자고 일어나니 나 몰래 이웃에게 분양되었습니다. 마음이 따뜻한 주인은 다 좋은데 새끼도 어미와 같이 살아야 외롭지 않다는 걸 모르는 것 같습니다. 모자 관계를 강제로 떼어 놓은 게 원망스럽지만 어쩔 수 없었습니다.

하루는 주인의 지인이 나를 보고 금자처럼 예쁘고 똑똑한 아이가 또 있는지 묻는 소리를 옆에서 들었습니다. 아, 내가 예쁘다고 칭찬한 사람을 만나 얼마나 고마운지 모르겠습니다. 사람들이 반려견이나 반려묘는 아는데 반려 닭은 잘 모르는 것 같아 서운할 때가 있습니다. 주인 어머니는 이전에 내가 부화한 새끼가 죽거나, 분양 보낸 게 마음이 아파 짝을 구해 주기 싫다고 합니다. 섭섭한 게 딱 이것입니다. 사람도 혼자 살면 우울증이 오고 고독사가 많지 않습니까. 나도 혼자 살다가 하늘나라로 가는 게 싫습니다.

지난 일요일은 날씨가 따뜻하여 아미산 둘레길로 외출을 나갔습니다. 새 주인과 함께하는 첫 나들이라 기분이 너무 좋았습니다. 베란다에서 탁한 공기만 마시다가 산에 오니 보약을 마시는 것 같았습니다. 혹시나 둘레길에서 친구를 만날 수 있을까 싶어 두리번거렸지만 나 혼자뿐이었습니다. 아쉬움이 많아도 희망은 잃지 않으렵니다. 둘레길에는 반려견을 데리고 온 사람이 많아 겁도 났습니다. 싸움이 붙으면 덩치가 작은 내가 이길 재간이 없습니다. 반려견보다 반려 닭이 더 예쁜데 키우는 사람이 적어 안타까울 때가 많습니다.

아미산 정상에 있는 응봉봉수대로 올라갔습니다. 바다 전망을 본다는 생각에 힘이 드는 줄 몰랐습니다. 주인이 한 발을 떼면 나는 다섯 발걸음을 넘게 옮겨야 따라갈 수 있었습니다. 내가 힘이 든다고 생각했는지 쉬고 있으면 보듬고 올라가기도 했습니다. 오늘따라 주인이 너무나 고마웠습니다. 머슴도 주인을 잘 만나 새경을 많이 받아야 일하는 게 힘든 줄 모르듯이, 나는 정이 많은 새 주인을 만나 전화위복이 된 듯합니다.

응봉봉수대에서 바다를 보니 가슴이 탁 트이면서 다대포해수욕장, 몰운대, 다대포항이 한눈에 들어왔습니다. 자주 나들이했으면 좋겠다는 생각밖에 안 듭니다. 다음에는 몰운대에도 구경했으면 합니다. 나의 희망을 주인이 잘 알고 있기에 데리고 가길 바랄 뿐입니다. 반려 닭 친구는 한 명을 못 만나도 갑갑한 닭장에 갇혀 있다가 밖에 나오니 내 세상인 것 같습니다. 내가 주인에게 은혜를 갚을 수 있는 길은 달걀을 많이 낳아 몸보신을 해 주는 것입니다.

"금자야, 금자야." 숲길에서 몸에 좋은 피톤치드를 흠뻑 마시면서 여기저기 구경하느라 정신이 팔려 반가운 목소리도 듣지 못할 뻔했습니다. 나를 부르는 소리에 지나가던 사람이 주인에게 이것저것 물어보곤 했습니다. 반려동물을 좋아하는 분인가 봅니다. 그 사람은 나를 안고 사진도 찍었습니다. 나의 종이 이탈리아산 안코나가 아니고 일본산 '바둑자보'라고 주인에게 알려 주었습니다.

사람들은 금자 새끼를 분양하길 원해도 주인은 어머니가 싫어하여 고민하는 모습이 눈에 선합니다. 금자의 소망은 짝을 만나는 것입니다. 부부는 일심동체라 짝이 집에 복을 가지고 들어올 것을 생각하여 '금복'으로 이름을 지어 주면 좋겠습니다. 전에 부화한 청계들은 진정한 내 새끼가 아닙니다. 하루라도 젊을 때 짝이 있어야 튼실한 알을 낳아 병아리를 부화할 수 있습니다. 나도 암탉이라 2세를 보고 싶은 게 본능입니다. 누구라도 도와주면 금자와 금복이가 예쁘게 살아가는 모습을 보여 주겠습니다.

제3부

선생님을 만났습니다

사랑으로 빚은 음식
능의 기를 받다
명당자리
20분의 행복
선생님을 만났습니다
그리움 한 통
텃밭 만찬
그래도 속고 싶다

사랑으로 빚은 음식

아내는 묵을 만드는 재주가 없어도 맛 품평은 잘한다. 떫은맛이 없어야 먹기에 좋고 너무 딱딱하거나 물러도 안 되는 적당한 점도가 있어야 한다고 말한다. 축구를 못하는 이가 경기에 대한 훈수를 두고 선수에게 평가를 혹독하게 하는 것과 다를 바 없다.

어머니에게 식혜를 만드는 법은 배워서 자주 솜씨를 발휘한다. 청출어람이다. 어머니가 만든 식혜보다 더 입에 맞다. 애주가가 아닌 나에게 베푸는 특별식이니 감지덕지한다. 묵은 한 번도 만들어 주지 않아 서운할 따름이다. 어머니 손맛이 아내 손맛으로 이어졌으면 하는 바람인데 그럴 기미는 보이지 않는다. 아직 희망은 버리지 않고 있다.

묵은 좋아하는 음식 중 하나다. 자주 먹어도 물리지 않는 별미다. 시장이나 마트에서 사면 생전의 어머니 손맛이 느껴지지 않는다. 음식은 만드는 사람의 정성이 들어가야 제맛을 내는 법인데, 찍어 내듯 만들면 손맛을 기대하는 건 어불성설이다. 조미료가 없던 시절에는 어머니의 정성으로 만들어 밥상에 올려도 꿀맛이었다. 사랑이 간으로 스며들었다.

어느 날 집에서 만든 귀한 도토리묵을 선물로 받은 적이 있다. 평소에도 배려심이 깊은 선생님이 성의로 보냈다. 살가운 정을 묵으로 에둘러서 표현한 듯하여 가슴이 뭉클했다. 선생님의 따뜻한 마음이 온몸으로 전해졌다. 선물은 금액과 상관없이 주는 사람의 마음이 중요한 법이다. 큰 선물을 받은 듯하여 두고두고 감사하다.

묵은 도토리나 메밀, 녹두 따위의 앙금을 풀처럼 되게 쑨 뒤 식혀서 굳힌 음식이다. 재료와 모양에 따라 이름이 달라지기도 한다. 동부묵, 올방개묵, 올챙이묵은 한 번도 맛보지 못해 묵 애호가라 하기에는 뭣하다. 지금은 묵도 기호식품이다. 집안에 결혼식이나 특별한 행사가 있어야 먹을 수 있다. 뷔페에 가는 날은 좋아하는 음식이라 손이 자주 간다. 우리 세대가 지나가면 먹기 어려운 귀한 음식이 될지 모른다.

산꾼들이 식당에서 탁주를 한잔할 때는 안주로 도토리묵무침이 빠지지 않는다. 야구나 축구, 필드하키와 같은 실외 경기를 관람할 때 치맥이 인기가 있듯이, 하산주로 도토리묵과 탁주도 궁합이 맞는 음식이다. 사람도 궁합이 맞아야 좋은 것처럼 음식도 마찬가지다. 술꾼은 술을 먹기 위해 산에 간다고 해도 과언이 아닐 것이다. 산행 후 딱 한 잔의 술은 몸에도 좋다고 하지만 바로 끝내는 사람은 드물다.

중학교 동기들과 관광버스를 빌려 산행할 때마다 묵을 찬조하는 여자 친구가 있다. 고향이자 모교가 있는 읍 소재지에 살면서 친구를 만나는 날은 어김없이 준비한다. 가정집에서 묵만 전문적으로 만드는 곳에 주문하여 가지고 오는 성의가 고맙다. 여주인의 손맛이 뛰어나 휴식 시간에 돗자리를 펴면 한 판이 순식간에 없어진다. 친구들은 이구동성으로 맛이 좋다고 다음에도 부탁하마, 아우성이다. 모두 만들 줄은 몰라도 어릴 적 어머니가 해 주신 손맛과 같다고 칭찬 일색이다. 묵에는 유년 시절의 추억과 사랑이 담겨 있다.

가을 산행 때는 도토리를 주식으로 하는 다람쥐를 자주 본다. 깜찍한 다람쥐를 보노라면 참나무가 많은 산이라는 것을 알 수 있다. 다람쥐와 비슷한 청설모도 도토리를 먹지만 호두, 밤, 잣을 더 좋아한다. 사람들이 도토리를 주워 가는 모습을 보면 다람쥐 밥이라서 안 된다는 말을 해 주고 싶지만, 혹시나 해를 당할까 봐 참는다. 사람은 묵을 안 먹어도 살 수 있지만, 다람쥐나 청설모는 먹이가 부족하면 겨울나기가 힘들다.

도토리가 열린 참나무는 보통 여섯 종류로 분류한다. 상수리나무, 굴참나무, 신갈나무에서 나는 열매가 인기가 많다. 특히 상수리나무와 굴참나무의 도토리가 굵으며 영양가도 많아 묵을 만들기에 좋다. 산에서 보면 나무 종류가 비슷하여 구분하는 게 쉽지 않아 그냥 뭉뚱그려서 참나무라 부른다.

상수리나무 이름에 대한 유래가 있다. 임진왜란 때 도토리로 묵을 만들어 선조의 수라상에 올랐다고 하여 불리게 되었다. 임금이라고 일반 백성과 특별히 다른 음식을 먹는 게 아닌 만큼 한국인의 입맛은 비슷하다. 수라상에 오르는 귀한 음식이라면 누구나 먹어도 맛있다.

　내가 자주 먹는 묵은 단연 도토리묵이다. 타닌 성분을 함유한 담백한 건강식품이다. 시중에 파는 도토리묵은 국내산 도토리를 구하기가 어려워 중국산으로 만든 것이 대부분이다. 음식은 만드는 사람의 정성과 재료에 따라서 맛이 차이가 난다. 도토리묵을 만들 때 들어가는 재료는 도토리 가루, 물, 소금 등으로 간단하다. 재료는 간단하여도 도토리를 빻아서 가루로 만드는 데 손이 생각보다 많이 간다. 집에서 묵을 쉽게 먹으려면 마트에 가서 '도토리묵 가루'를 사서 만들면 된다.

　도토리묵은 마음 씀씀이가 큰 선생님의 따뜻한 정이 담긴 음식으로 추억 하나를 더 보탰다. 음식 솜씨가 뛰어난 사람은 어디를 가더라도 사랑받는다. 가족의 건강은 주부의 손에 달려 있기 때문이다. 건강을 결정하는 것은 음식과 운동이다. "보기 좋은 떡이 먹기도 좋다."라는 속담이 있듯이 정성이 가득한 음식은 먹어 보지 않아도 눈으로 맛을 알 수 있다.

　만남이란 서로 배려심이 있어야 오래간다. 이해타산을 먼저 생각하는 사람이라면 인연이 지속되기가 쉽지 않다. 가는 정과 오는 정이 삶을 풍요롭게 한다. 박 선생님은 언제나 대화가 통해 마음이 포근하다. 끈끈한 정으로 4년을 함께한 소중한 인연이라 기억에 오래 남는다. 선생님의 도토리묵을 다시 맛볼 수 있는 날이 왔으면 좋으련만.

나는 음식을 맛과 더불어 배불리 먹는 것도 중요하게 여긴다. 초등학교를 졸업한 이후 결혼 전까지 끼니를 해결하는 게 급선무라 맛까지 음미하지 못할 때도 있었다. 결혼하고 아내가 정성껏 만든 요리면 무엇이든지 만족한다. 사랑으로 빚은 음식이야말로 어떤 산해진미보다 더 귀한 보약이었다.

능의 기를 받다

　봄은 문학 기행 계절이다. 코로나19가 끝나자마자 그동안 미루어 놓은 행사를 한다는 소리가 곳곳에서 들려온다. "수필이 있어 행복하신 선생님, 봄 소풍에 오십시오. 봄볕이 좋을 것입니다." 정이 듬뿍 묻어나는 문자를 받기 전에 참석 여부를 알려주지 않은 게 미안할 지경이었다. 꾸물거리고 있을 때 회장님이 먼저 손을 내밀었다.
　여행은 같이 가자고 할 때가 좋은 날이라는 우스갯소리가 있지만, 한 살이라도 젊어서 가야 한다는 말에 동감이다. 집을 나서는데도 가슴이 떨리지 않으면 여행이라 할 수 없다. 비단 외국으로 멀리 가야만 좋은가. 관심사가 같고 뜻이 맞는 사람과 함께하는 시간이야말로 진정한 여행이다. 수필을 사랑하는 사람들과 만남은 배움의 연속이어서 어디를 가든 즐겁다. 낯선 곳에서 글감을 찾아 수필을 한 편 쓴다면 수확이다.
　김해에서 부부 능을 참배하는 날이다. 다른 가야 고분군은 지배 계층의 무덤이라고 추정할 뿐 피장자가 누구인지 알 수 없다. 육 가야의 맹주로 금관가야 시조인 김수로왕과 수로왕비를 만났다. 쌍릉이나 합장릉을 했으면 참배하기도 좋은데, 1㎞가량 떨어진 곳에 각자 잠들어 있는 단릉이다. 생전에 금실이 좋아 10남 2녀를 낳았는데 능침이 떨어져 있어야 할 특별한 이유라도 있는 걸까.

수로왕은 왕비가 십 년 먼저 세상을 떠나자 자기가 영면할 명당을 양보했다고 전해지기도 한다. 조국 아유타국으로 가는 바다가 보이는 곳에 묻어 달라는 유언을 남겼다는 설도 있다. 가락국 첫 번째로 꼽을 명당에 잠들어 있는 왕비를 왕이 옆에서 보호해 주었으면 좋았을 텐데 마치 내 일처럼 안타까움이 밀려온다. 사후에 남편과 떨어져 있을지라도 사랑은 끝이 아니라고 믿는다. 이천여 년 전 오직 한 사람만 믿고 험한 바다를 건너온 공주의 결혼 생활은 분명히 행복했을 거다.

왕을 가까이에서 만나려고 해도 출입구인 '납릉納陵 정문' 안으로 들어갈 수 없다. 경북 영천에서 온 김해 김씨 후손들은 할아버지 능침 앞에서 참배하는데 공자의 후손은 불가능했다. 왕은 후손이 참배하거나 숭선전崇善殿에서 제례 의식을 지내는 걸 알면 고마워할 것이다. 금관가야는 10대 구형왕 때 신라에 합병되었지만 김해 김씨는 번창하고 있다. 시조인 수로왕부터 칠십 대손을 넘게 내려오는 동안 대통령이 나오기도 했으니 내려다보는 왕도 흐뭇했을 테다.

왕릉 경내의 후원 산책길이 푸근하다. 국가지정문화재가 아니었으면 돗자리를 펴 놓고 하루를 보내기에 좋은 장소다. 어느 이름난 공원에 바람 쐬러 온 기분이다. 울창한 상수리나무, 소나무, 수양버들이 이룬 숲을 보며 수로왕은 편안하게 잠들어 있다. 산책길 옆에는 청동기 시대 고인돌 2기가 있다. 하나는 하트 모양이다. 그곳에 누가 잠들어 있는지 궁금하다. 수로왕보다 먼저 잠든 피장자가 한때는 왕릉 터의 지주였을지도 모른다.

왕릉은 사후에 가는 곳이라니 탄생지와 왕궁터가 궁금했다. 왕의 탄강 설화가 깃든 구지봉은 분성산 줄기로 서쪽 자락의 구릉에 앉아 있다. 하늘에서 내려온 황금알 여섯 개에서 제일 먼저 태어난 수로왕이 금관가야 초대 왕이다. 왕궁터는 봉황동 유적지 근처라는 추정만 있을 뿐 어디인지 명확히 알 수 없어 역사가 단절된 느낌마저 든다.

구지봉에서 5분 정도 발품을 팔아 구지문龜旨門에 들어서니 언덕배기에 있는 수로왕비릉이 눈에 들어온다. 비석에 '가락국수로왕비 보주태후허씨릉'이란 한자가 음각되어 있다. 지금의 중국 쓰촨성 안악현의 옛 이름이 보주普州라 일부 학자는 허왕후가 중국에서 왔다고 추정한다. 공주가 아유타국이나 중국에서 온 게 무어 그리 중요하랴. 열여섯 살 꽃다운 처녀가 이국 남자와 결혼하기 위해 찾아온 용기에 박수를 보낸다. 용기란 남들이 머뭇거릴 때 필요한 행동이다. 부모의 꿈에서 점지해 준 천상배필과 만남은 어떤 시련도 이겨 내는 힘이 되었을 것이다.

수로왕비릉 앞은 대리석 난간만 있어 가까이에서 볼 수 있다. 왕릉이나 왕비 능을 조성하려면 지금처럼 굴착기와 같은 장비가 없어도 맨몸의 민초들이 어진 왕을 위해 자발적으로 만들지 않았을까 싶다. 백성을 사랑하여 칭송받던 수로왕 부부는 그들 위에 군림한 게 아니라 아끼고 보호하였기에 보답을 받은 것이다. 예나 지금이나 국민을 다스리는 자가 선정을 베풀면 살아서나 죽어서나 존경을 받는다.

왕비 능 둘레의 소나무 숲길을 한 바퀴 돌면서 부모 곁을 떠나 타국에서 생활한 삶을 상상해 본다. 왕후는 문화와 언어가 다른 나라에서 산다는 게 쉬운 일이 아닌데도 진실한 사랑으로 모든 걸 이겨 낸 듯하다. 사랑은 말보다 눈빛만 있으면 충분하다. 삶도 어려움을 극복해야 고귀하고 아름답듯이 국경을 넘어 이룬 사랑도 마찬가지다. 사랑보다 강한 힘은 어디에도 없다.

능 앞쪽에 있는 '파사석탑'이 아유타국 공주와 같이 배를 타고 왔다고 말하는 것 같다. 허황옥 공주가 일행 이십여 명을 데리고 망산도望山島에 도착할 때까지 두 달간 긴 항해에 운명을 같이했다. 석탑에 사용한 돌은 우리나라 것이 아니고 인도, 베트남, 일본의 암석이라고 한다. 험한 풍랑을 가라앉히기 위해 싣고 온 파사석탑만 보면 허왕후의 신화가 사실처럼 다가온다.

허황옥은 인생의 승리자다. 이국 생활의 어려움을 헤쳐 나갈 용기가 있었기에 한 번도 만난 적이 없는 남자와 결혼까지 했다. 요즈음 젊은이들의 결혼은 사랑보다 물질을 택하기도 하는데 수로왕 부부의 사랑이 좋은 본보기가 되었으면 한다. 문학 기행으로 능의 기를 받은 날, 두 연인의 사랑도 우리와 함께했다.

명당자리

 통도사 반야암을 찾았다. 근처의 명당으로 알려진 곳에 잠들어 있는 장군 묘를 참배하기 위해서다. 오래전부터 방문하고 싶은 마음이 있었지만, 이런저런 일을 핑계로 한참 늦어 버렸다. 게다가 길이 여러 갈래라 초행자는 길 찾기도 쉽지 않은 일이었다.
 명당자리를 찾아가는 날은 장맛비가 부슬부슬 내리다가 그치기를 반복하는 습한 날씨였다. 장맛비가 잠시 소강상태를 보이니 두꺼비가 사천왕의 지시를 받은 듯 어슬렁거리며 마중을 나온다. 보기에는 징그러워도 청정지역에 사는 동물이니 오늘 하루는 깨끗한 공기를 마시겠다는 믿음이 생긴다. 계곡의 개구리도 울음소리로 먼저 인사를 건넨다. 산 주인은 사람이 아니라 동식물이니 폐를 끼치지 않겠노라 마음속으로 다짐하며 주인들과 눈인사를 나눈다.
 주말에 산으로 돌아다닌 지 삼십여 년째다. 통도사를 품고 있는 영축산은 영남알프스 산군에 속한다. 석가모니가 법화경을 설법하던 인도의 영축산과 같은 산이라는 의미로 이름을 지었다. 산은 언제나 신분과 지위고하를 차별하지 않고 반겨 준다.

우중이라 마주치는 사람도 없어 사위가 고즈넉하지만, 늘그막에 놀이 삼아 명당을 찾아가는 것도 의미가 있다.

반야암에서 축서암으로 가는 숲길이 쉽사리 눈에 띄지 않는다. 암자 방문도 불심이 얕은 나에게는 호락호락하지 않다. 출입을 허락하지 않는 듯하다. 순례란 그냥 절만 찾아가는 것이 아니라 무언가를 내려놓겠다는 마음가짐이 있어야 하는데 나에게 욕심이 아직 남은 까닭일까. 중생의 소망이라는 게 부처님의 가피를 입는 것이지만 말처럼 그리 쉬운 게 아니다. 장삼이사인 나로서는 더욱 어렵다. 축서암으로 가야 장군 묘도 참배하고 일정이 끝난다.

십여 분 동안 산길을 찾지 못해 헤매다가 종무소에 들러 물을 수밖에 없었다. 거사님이 친절하게 알려 주면서 잡풀이 많아 찾기가 어려울 수 있다고 한다. 오후 두 시경이라 시간이 촉박하지 않아 걸어도 무리는 아닐 것 같다. 산길이 없으면 위험할 수 있어도 크게 상관없다. 명당자리를 찾아가는 게 쉽지 않아도 장군을 만나려면 가야 했다.

갈림길에서 두어 번 엉뚱한 데로 갔지만 이내 되돌아왔다. 어느 곳에도 장군을 찾아가는 이정표가 없으나 산길은 저 홀로 뚜렷하게 길을 내고 있을 텐데. 마음을 내려놓을 때쯤 오르막에 있는 산행 리본이 눈에 들어왔다. 가고자 하는 길을 제대로 찾았다. 조급한 마음 탓에 길이 제대로 보이지 않았다.

무덤 두 기가 눈에 들어온다. 일반인은 찾기가 어려운 곳에 잠들어 있다. 묘지 위치가 알려진 후 도굴꾼의 손을 피해 갈 수 없었다. 세 차례나 파헤쳐졌다. 부장품을 훔치는 일은 역사를 지우는 만행임을 깨달아야 한다. 무지한 자의 어리석은 행동의 소치에 혀를 차고 만다. 사시사철 무·문인석이 양쪽에서 주인을 보호하고 있어도 도굴은 막지 못했다. 통도사가 신라 선덕여왕 15년인 서기 646년에 창건도 하기 전부터 사찰 영내를 지켜온 유일한 묘소다. 1,450여 년 전부터 이곳에 조용히 잠든 장군이 주인이다.

묘비에 '가락국 왕자, 신라 각간, 김무력공지묘'라는 글자가 한자로 새겨져 있다. 금관가야 마지막 왕인 10대 구형왕의 셋째 아들인 김무력 장군 묘 옆에는 부인인 아양공주가 나란히 누워 있다. 신라의 도읍지도 아닌데 579년부터 양지바른 곳에 잠들어 있는 명당이다. 구형왕은 신라 법흥왕 19년인 532년에 왕비와 아들 셋을 데리고 항복했다. 삼국 통일의 위업을 이룬 김유신 장군의 조부가 김무력 장군이고, 증조부는 구형왕이다.

김무력 장군은 백제의 성왕이 신라에 쳐들어왔을 때 관산성 전투에서 왕을 전사시키는 데 결정적인 역할로 대승을 거두었다. 삼국 통일의 기반을 닦아 신라에서 진골만 오를 수 있는 왕 바로 아래 관등인 각간까지 승진하는 영예도 누렸다. 신라 조정에서는 장군의 공로를 높이 사 현재의 묘소 일대를 사패지로 하사했다. 신라의 장군이 수도인 경주가 아닌 이곳에 잠들어 있는 건 임금이 내려 준 땅이기 때문이다.

세계문화유산 영축총림 통도사도, 김무력 장군 묘도, 문재인 전 대통령 사저도 모두 양산시 하북면 지산리에 자리 잡고 있다. 풍수지리가 좋다고 하지만 나에게는 아무런 소용이 없다. 이곳에 땅도 집도 없지만 구경하는 것으로 만족한다. 지산리는 지산마을, 평산마을, 서리마을의 자연부락으로 법정리다. 중국 진시황제의 명령에 따라 신하 서복(서불)이 불로초를 구하러 온 마을이기도 하다. 서복이 몸에 좋은 영지버섯을 구해 갔다는 전설로 지산리라는 마을 이름이 붙여졌다고 한다. 불로초가 영지버섯이 맞는지는 아무도 모른다.

　간간이 내리는 비를 맞으며 암자 방문과 장군 묘를 참배해도 서복이 채취하였다는 영지버섯은 구경하지 못했다. 불심이 깊은 사람에게만 발견되는 것인지. 불로초가 아니라 몸에 좋은 약초가 있어도 독초와 구별할 줄 몰라 풀은 거들떠보지도 않는다. 산자락 어딘가에 불로초가 자생하고 있다면 필요한 사람에게는 눈에 보일 것이다. 해서 욕심은 내려놓는다. 하루만이라도 수려한 풍광을 감상하며 찾은 것으로 만족한다. 비 온 후 코끝을 스치는 풀 냄새도 싱그러워 암자를 찾은 보람이 있다.

　인간이 피해 갈 수 없는 두 가지가 세금과 죽음이라고 한다. 세금은 사십여 년을 냈으니 어느 정도 내 할 도리는 다했다. 죽음은 아직 먼 미래의 일이라 생각하여 가까이 두지 않으려 한다. 언제 올지 기약 없는 일에 전전긍긍하며 살고 싶지 않다. 미리 걱정할 필요가 없다.

권력가나 재력가의 욕심은 끝이 없어 살아서 온갖 부귀영화를 누리다가 죽어서도 명당자리에 묻히길 원한다. 명당은 그런 이들이 묻히는 곳이 아니다. 국가와 국민을 위해 희생하여 국립현충원이나 호국원에 잠든 분들, 김무력 장군 같은 분이 잠드는 자리가 명당이다. 먼 훗날 마음 편하게 잠들 수 있는 곳이면 명당이라 여기고 나는 이만 만족하련다.

20분의 행복

이발하는 날이다. 누구나 자신에게 어울리는 옷을 입거나 마음에 드는 머리 스타일로 손질한다. 개인의 고유한 취향은 시간의 누적에 따라 스스로 터득한 지혜다. 남자들은 크게 관심을 두지 않아도 여자들은 겉모습에 신경을 많이 쓴다. 나는 명품 옷을 입거나 머리를 치장하는 데에 관심이 없지만 그들의 취향은 존중한다.

어느 날 사무실에서 "공 선생님, 머리 손질을 예쁘게 하셨네요." 하는 부드러운 목소리가 들려온다. 내 머리는 전속 이발사인 아내가 깎는다고 하면, 모두 미용사 자격증이 있느냐고 먼저 묻는다. 난 미용사 자격증보다 더 값어치 있는 내조가 있다고 웃으면서 대답한다. 나의 작은 변화를 알아봐 주는 직원들과 가벼운 농담을 할 수 있는 관심이 반갑고 고마울 따름이다. 소통은 서로 마음을 열고 따뜻한 대화를 나누면서 시작된다. 사무실 분위기도 덩달아 따뜻해지니 일의 능률은 저절로 따라온다.

사람은 누구나 정성껏 단장하고 외출했을 때 칭찬을 들으면 하루를 기분 좋게 시작할 수 있다. 평소와 다르게 옷을 환하게 입거나 머리 맵시가 바뀐 모습을 보고 칭찬해 주는 것이 관심이고 소통이다. 상대방을 칭찬할 때는 대화를 나누고 싶은 마음도 포함되어 있다.

나는 몸을 꾸미는 데 그다지 흥미가 없다. 그저 좋아하는 신문이나 책을 읽고 음악을 감상하면서 하루가 저물어 가는 데 행복을 느낀다. 주말에는 둘레길을 걸으며 생각에 잠기면 모든 시름이 저절로 달아난다. 옷은 재래시장에서 산 제품이라도 편하면 그만이고 머리는 길어도 상관없다. 옷이나 머리 모양 하나라도 욕심을 부리자면 끝이 없다.

직장에서 정년으로 퇴임한 이후에는 수입이 줄어 절약하면서 생활해야 했다. 이발할 때가 되면 아내에게 깎아 줄 시간이 있는지 묻는다. 현직일 때는 큰소리치면서 이발소에 갔지만 지금은 그럴 형편이 아니다. 그간 돈을 벌어 준 가장이라고 무슨 벼슬처럼 군림하였으나 인생 2막은 알고도 져 주는 게 나를 위한 지름길을 눈치로 안다.

내 머리를 깎아 준 사람은 이발사를 제외하고 아내가 그 바통을 이어받았다. 처음은 고등학교에 다닐 때 이모 집에서 이종동생과 바리캉을 가지고 서로 깎아 주었다. 시골에서 부산으로 유학 와서 돈을 절약할 목적이 컸다. 그때 학생들의 머리는 지금처럼 기를 수가 없어서 그냥 빡빡 깎으면 되어 특별한 기술이 필요하지 않았다. 머리 스타일로 멋을 부리던 시절이 아니어서 머리카락이 짧기만 하면 그만이었다.

아내에게 머리를 맡긴 지도 칠 년째다. 샤워실에 미리 의자와 신문지 그리고 가위와 빗을 준비해 놓는다. 바리캉이 없어도 불편함을 느끼지 못한다. 무료로 깎는 처지에 준비물은 내가 챙겨야 마음이 편하다. 이발 기구라야 집에서 사용하는 가위와 빗뿐이라 추가로 돈이 들지 않는다. 아내가 전기이발기를 사자고 해도 필요 없다며 손사래 친다. 처음 이발할 때는 머리카락이 쥐가 파먹은 듯해도 개의치 않았다. 지금은 숙달되어 자세히 보지 않으면 이발사가 깎은 것처럼 실력이 일취월장한다.

이발이 아무리 무료라 할지라도 요구 조건은 있다. 공짜로 깎으니 군말 없이 가만히 있어야 하는데도 양쪽 귀 옆으로 균형이 맞아야 한다고 주문한다. 무료 손님이 좌우 균형을 요구해도 전속 이발사는 그저 깎는 데만 열중한다. 앞으로 앉아 있다가 다 깎았다고 하면, 자세를 180도로 돌려 균형이 맞는지 다시 한번 깎아 주기를 부탁한다. 이상이 없다고 하면 모든 게 끝이 난다. 이발이 끝나면 아내에게 일절 머리에 관해서 말을 안 한다. 할 수도 없다. 마음에 안 든다고 불평하면 다음에는 못 깎을 수 있다.

이 땅의 아내들이 남편의 머리를 깎아 주는 게 당연하지 않을지라도 우리 집은 당연해졌다. 무자격 이발사는 손님이 머리를 잘 깎았든 못 깎았든 불평을 하지 않아 걱정이 없다. 머리를 깎는 날은 이런저런 얘기를 나누니 아내의 관심 사항도 들을 수 있다. 이발소는 미용실에 밀려 사양 산업이라 주위에서 쉽게 찾기가 어렵다. 아내가 이발료는커녕 봉사료도 주지 않는다고 파업이라도 하면 용돈이 줄어드는 것은 감수해야 한다.

퇴직한 이후 아내에게 머리를 깎지 않은 날이 딱 한 번 있었다. 큰딸이 결혼할 때다. 현직으로 근무하는 동안 결혼시키려 했지만 마음대로 되지 않았다. 아버지로서 딸의 혼사가 늦어져 속이 새까맣게 타들어 가도 어쩔 수 없었다. 늦게라도 짝을 만나 기쁨은 컸다. 자식은 결혼 적령기가 되면 부모 곁을 떠나 새 가정을 이루어 손주를 보여 주는 게 최고의 효도이다.
　이발소 주인이 머리를 보고는 대뜸 듣기 거북한 소리부터 먼저 한다. 누가 깎았길래 머리카락이 바르지 않냐고 무안까지 준다. 아내가 깎았다는 대답은 못 하고 거울에 비친 내 모습만 묵묵히 쳐다본다. 큰딸 결혼 때문에 이발한다는 말은 더더욱 할 수 없었다. 아들이 결혼하면 이발소를 한 번 더 가야 하는데 그때도 머리카락이 어쩌고저쩌고하는 좋지 않은 소리를 들을 수 있기 때문이다. 국가 기술 자격증이 있는 이발사보다 무자격자인 아내가 서툴지라도 정성스럽게 깎아 준다.
　제2의 인생을 살기 위해 조경기능사 자격증을 취득하려고 공부할 때 믿음직한 경찰관 사위를 보았다. 귀여운 손주를 볼 수 있다는 마음에 하늘을 나는 기분이다. 첫아이를 결혼시키는 부모의 마음은 똑같을 것이다. 현직에 있을 때는 어렵게 보이던 딸아이의 결혼이 퇴직 후 다섯 달 만에 쉽게 이루어졌다. 결혼은 알 수 없는 수수께끼인 듯하다. 사위를 보는 기쁜 날에 혼주로서 외모가 단정해야 할 것 같았다. 이발사가 깎은 머리도 아내 솜씨와 별 차이는 없었다.

행복은 멀리 있는 게 아니고 가까이 있다. 남들이 만들어 주는 게 아니라 내가 만들어 나가는 거다. 만족이라는 말도 머리 끝까지 채워지는 게 아니라 발목까지만 차올랐다가 멈추는 것이다. 한 달에 한두 번 머리를 깎는 날은 아내의 사랑을 확인하는 시간이다. 나이가 들면서 대화도 뜸해져 이발하는 날이라도 서로 진솔한 마음을 나눈다. 오늘도 20분의 행복한 시간이 금방 지나가 서운할 따름이다.

선생님을 만났습니다

 동백시화전에 시를 한 편 출품했다. 「달작」이란 수필이 시로도 태어났다. 시를 발표한 기쁨은 수필과 별반 다를 게 없어도 쓰기는 여간 어렵지 않았다. 글쓴이의 진정성을 예술적으로 드러내는 수필과 달리 시는 대상을 은유적으로 표현하는 게 제맛이다.
 예전에 발표한 시를 다시 한번 읽어 보았다. 서너 편 모두 겨울 산을 오른 후 탈고했다. 발가락이 얼어붙을 것 같은 눈 산행 뒤에 시가 탄생한 뿌듯함도 있었다. 수필을 쓰면서 시화전에 작품을 출품하리라는 생각은 못 했다. 시가 좋다는 소리는 못 들어도 별로라는 말은 안 듣기 위해 퇴고를 거듭했다. 시인이자 수필가인 대선배에게 지도받아 한 달 만에 겨우 마음에 드는 시를 만났다.
 고등학교 다닐 때 교내 학예회 행사에 시를 출품한 적이 있다. 그 시절 문학에 관심이 많아도 이런저런 사정으로 배울 기회를 놓쳤다. 그때는 감성이 풍부하여 시어가 절로 나왔지만 나이가 들면서 무뎌졌다. 시보다 수필이 좋아진 건 우하 박문하 선생의 『배꼽 없는 여인』이란 수필집을 읽고부터였다. 보고 들고 느낀 것을 어찌 단 몇 줄로 다 할까. 가슴으로 느낀 걸 세세히 풀어 쓰면서 스트레스를 푼다.

　초록이 무성할 때 해운대 동백섬 누리마루 옆 등대를 중심으로 육십여 편의 시가 독자를 기다리고 있다. 문학책도 스마트폰의 영향으로 잘 팔리지 않는데 시가 얼마나 독자들에게 사랑을 받을 수 있을지 걱정 반 기대 반이었다. 동백섬 산책길을 걷다 문득 멈춰 서서 자연스럽게 시를 읽고 가는 사람을 보면 말할 수 없는 고마움을 느낀다. 문학을 모르는 삶은 즐거움을 하나 잃어버리고 살아가는 것이나 마찬가지라는데 일상에 파고든 시의 향기가 가는 이의 발목을 붙들었다.

　해운대 동백섬은 사람들이 관광지로 방문하거나 가벼운 산책으로 운동을 하고 있어 시화전 장소로는 더없이 좋은 곳이다. 녹음이 싱그러운 오월에 부산문학인협회에서 한 달간 올해 첫 시화전 테이프를 끊었다. 시도 다른 문학 작품과 마찬가지로 많은 사람이 읽어 줘야 좋은 시다. 이번 행사를 계기로 시화전은 독자와 가까이 접할 수 있는 장소가 중요하다는 것도 알았다.

경주 남산에서 달작을 만났다
찻집 이름이 '달작'인 게
그저 그런 뜻이 아닌 것 같다
호기심을 억누를 수 없다
나무 간판에는 달작이라는 상호와 함께

약이 되는 차라고 적혀 있다

(하략)

졸작 「달작」 중에서

  한 달 동안 서너 번 동백섬을 찾았다. 변변찮은 작품이라도 보면 볼수록 정감이 가는 시의 매력에 이끌렸다. 형님, 사위, 친구가 감상하고 인증 사진을 보내 준다. 외손녀도 시화 앞에서 포즈를 잡고 환하게 웃는다. 초등학교 고학년이 되어야 할아버지의 글이 시라는 걸 알 수 있을 거다. 고정 독자가 있었다는 생각에 마음이 뿌듯하다. 졸작을 읽은 사람에게 고맙다고 인사라도 하고 싶다.

  서점에 한 번씩 들르면 어느 책을 사야 할지 결정하기가 쉽지 않다. 이름이 알려진 시인에서, 무명 시인의 시집까지 책은 무수히 많다. 피땀 흘려 쓴 글이 독자들의 사랑을 듬뿍 받으면 좋겠다고 생각하며 발길을 돌린다. 사람들은 대개 자기가 좋아하는 시인의 책을 사겠지만 나는 가까운 문우들의 시집에 손이 먼저 간다. 작가라는 이름으로 책을 발간한 기쁨은 커도 독자들의 선택을 받지 못할 때는 마음이 아프다.

  한 편의 시가 감동을 안겨 줘 삶이 바뀔 수도 있다. 시는 사람의 마음을 치유하기도 한다. 글을 쓴다는 건 작가에게 기쁨과 함께 고통도 준다. 내 작품이 누군가에게 읽히면 보람을 느낄 테니 독자들이 작가를 위하는 길은 작품을 읽어 주는 것이다. 작품을 발표한 후에는 독자가 읽고 느끼는 데 따라 그의 글이 되니 함부로 쓸 수 없다. 한 권의 책이 나올 때까지 수많은 고통의 날을 보낸 후에야 독자에게 선보이는 이유이다.

시도 수필과 마찬가지로 쓰는 게 어려웠다. 누구는 컴퓨터 앞에 앉으면 글이 술술 나온다고 하지만 나는 그렇지 않다. 설령 한 번에 초고를 완성해도 퇴고는 이십여 회를 넘게 해야 한다. 완성된 작품이라도 한 달 정도 지나서 다시 읽으면 고칠 곳이 한두 군데가 아니다. 퇴고는 하면 할수록 좋은 작품이 나오니 작가의 숙명이라 여긴다. 창작에 따른 고통을 감수해야 한다는 걸 시를 쓰면서 또 배웠다.

어느 날 학부모로부터 "선생님을 만났습니다."라는 문자를 받았다. 시화전을 하는 걸 몰랐을 텐데 뜻밖의 연락에 고마웠다. 시화전에서 처음 받은 반가운 소식이다. 딸인 서영이가 프로필에 나온 사진을 보고 시화전을 알았다고 한다. 아이는 금명초등학교 병설유치원에 다니다가 해운대로 이사했다. 인사성이 바른 아이라 기억에 오래 남는다. 여덟 살짜리 일 학년 아이가 얼굴을 어떻게 기억하고 있었는지, 다시 만나면 한번 안아 주고 싶다.

서영이 어머니가 문자를 보내 준 건 지난날의 인연이 있었기에 가능했다. 아이가 정든 유치원을 떠나 이사 갈 때의 따뜻한 마음이 전해 온다. 시화전이 작가와 학부모 사이에 징검다리 역할을 했다. 시를 읽으면 마음이 맑아진다. 아이와 학부모가 독자로 나타나 반가운 소식으로 작가의 기를 살려 줬다. "선생님을 만났습니다."라는 문자는 감동 그 자체였다.

그리움 한 통

  1960년대는 중학교 입학도 시험으로 뽑았다. 전깃불도 들어오지 않는 시골의 초등학교에서 읍 소재지 학교로 진학한 아이는 두 명이었다. 나와 여학생은 곡부 공孔씨 집안으로 모두 작은아버지 지원이 있어 가능했다. 담임선생님 친동생까지 세 명이 입학 원서를 썼지만, 그는 면 소재지 학교도 동시에 지원하여 동기가 되지 못했다.

  중학교는 한 학년이 다섯 반으로 세 반이 남학생, 한 반이 여학생, 나머지 반은 혼성반이었다. 이성에 호기심이 많은 2학년 때는 생각지도 않게 혼성반이 되었다. 1학년 때는 읍 소재지 초등학교 출신의 동기들과 경쟁에서 처져 보통의 성적을 유지했다.

  2학년이 되어서는 조부모의 기대를 아는 탓에 허투루 시간을 보낼 수 없었다. 공부를 못하면 여학생에게 창피를 당하는 것은 물론이고 공납금을 주는 작은아버지를 뵐 면목이 없기에 부담감이 컸다. 부모님이 삼촌에게 자식을 맡길 때는 가정 형편은 물론 아이의 장래에 거는 기대가 컸을 거다.

  부모님 곁을 떠난 읍내 생활은 외로움이 동행하여도 세상이 모두 내 편인 양 희망에 부풀었다. 주말에는 허전한 마음을 달랠 수 있는 여자 친구가 있었으면 하는 마음이 때론 일기도 했으나 수줍음이 많아 앞에 나서지 못했다. 앞집에 여학생 동기가 두 명이나 있어도 삼 년 동안 이성의 감정을 가지지 못했다.

 사춘기를 여학생과 같은 반에서 공부하며 보내는 게 힘이 들었다. 같이 공부할 때는 화기애애한 분위기라 좋은 면이 있어도 불편한 경우가 많았다. 여학생이 가정 시간이면, 남학생은 농업 시간으로 음악실과 빈 교실을 찾아 공부했다. 서로 이성에게 잘 보이려고 의식하며 열심히 공부하는 것은 장점이지만 자칫 마음을 뺏기면 학업에 열중하기가 어려웠다. 중2병을 힘들게 보낸 걸 생각하면 아직도 마음이 아프다. 사춘기가 지나고 혼성반이 되었으면 더 좋았을 텐데 생각해 보지만 모두 지난 추억이다.

 지금은 하늘나라로 이민을 간 친구 L을 2학년 교실에서 만났다. 1학년 때는 같은 반이 아니어서 서로 잘 몰랐다. 3년을 같이 다녀도 아주 친하지는 않았지만, 졸업 후 사는 지역이 부산과 전라도로 떨어져 친구 관계도 제대로 유지하지 못했다. 그는 이성에 관심이 많아도, 난 여학생은 고사하고 급우들과 어울리는 것도 어려웠다. 수줍음이 많은 시골 아이라 시간이 흘러도 성격이 쉽게 바뀌지 않았다.

 하루는 L이 사촌 여동생이 이웃 면 소재지에 있는 여중에 다니고 있다면서 편지를 한 통 쓰라고 했다. 편지를 쓰는 일이 처음일뿐더러 어떻게 써야 할지조차 난감했다. 세상 물정을 모르는 순진한 아이에게 쉬운 것은 아무것도 없었다. 연애편지도 아니고 그냥 펜팔이어도 모르는 여학생에게 쓴다고 생각하니 더 어려웠다. 부모님이 알면 공부는 하지 않고 엉뚱한 곳에 시간을 낭비한다고 혼이 날 게 뻔했다.

몇 날 며칠 고민 끝에 온갖 미사여구까지 동원하여 힘들게 마무리했다. L에게 편지를 주고 나서 한참 동안 잊고 있었는데 한 달쯤 지나서 답장이 왔다. L의 사촌 여동생이 자기 반 여학생의 답장을 받아 오빠를 통해 나에게 온 것이다. 성은 어렴풋이 기억나지만 이름은 생각나지 않는 그야말로 미지의 소녀다. 그녀의 집 주소가 'ㅇㅇ면 ㅇㅇ리'라는 것만 생생하게 기억난다. 여학생에게 처음 편지를 받은 감회가 새로워서인지 오십여 년이 지나 문득 생각나도 여전히 마음은 설렌다.

내가 보낸 편지 내용은 기억에 없지만 아마 여자 친구가 되어 주었으면 좋겠다는 것이 아니었을까 추측한다. 소녀도 사춘기라 남자 친구가 있었으면 하는 마음이었을 거다. 한 번도 만나지는 못했지만, 그때의 순수한 감정은 늘 그대로 간직하고 있다. 지금껏 좋은 기억으로 남아 있는 것만으로 행복하다. 그 시절 나에 대한 그리움이 일 때면 꺼내 보는 추억이다.

우스갯소리로 남자는 잘살면 첫사랑이 생각나고, 여자는 못살면 첫사랑이 생각난다고 한다. 첫사랑은 아니라도 단 한 번 편지를 주고받은 사이라 어쩌다 생각나면 안부가 궁금하다. 아마 만나더라도 배우자와 자녀 이야기를 넘어 손주 자랑까지 할 시기라 세대 차이는 없을 듯하다. 그때 감성이 살아 있어 한 번이라도 만났으면 좋으련만 어디 사는지조차 모른다.

학창 시절에 펜팔이 유행한 적이 있다. 나는 국내보다 외국 여학생과 펜팔을 자주 했다. 해외 펜팔이 우표 수집을 취미로 하는 학생에게 영어 공부도 되니 그만두고 싶지 않았다. 영문 편지와 외국 우표가 무슨 보물인 것처럼 아직도 고이 간직하고 있다. 아내가 보물도 아닌 것을 보물이라고 고집부리며 보관한다고 타박해도 어쩔 수 없다. 젊을 때 추억은 평생을 간다는데 풋풋한 청춘의 시간이 고스란히 담겨 있는 편지는 무엇보다 소중하다.

해외 펜팔을 하면서 받은 편지는 간직하고 있어도, 여학생이 보낸 편지는 어떻게 했는지 기억에 없다. 중2 사춘기 시절의 소녀 마음을 알아볼 기회이기도 한데 아쉽다. 나만의 착각이라도 그때부터 글을 쓰는 데 관심이 있었던 듯하다. 착각은 자유라 나쁘게 생각할 이유가 없다. 추억을 만든 사람은 젊었고, 그것을 들추는 사람은 늙었으나 그것조차 아름답지 아니한가.

중2 아이가 어느새 머리에 서리가 내려서 바라본 세상은 더욱 아름답다는 사실이다. 삶이 예술이라니 하루라도 무의미하게 보내고 싶지는 않다. 삶보다 아름다운 예술은 없다. 좋은 추억이든 나쁜 추억이든 고이 간직하고 있는 사람은 마음이 따뜻하다. 가슴에 묻어 둔 편지 한 통이, 그리움 한 통으로 변해 불후의 명문이라고 착각한다. 착각에는 지난 그리움이 배어 있다.

텃밭 만찬

 지난 주말 지인으로부터 저녁 식사에 초대받았다. 서들마을 단독 주택에 오순도순 사는 두 이웃사촌이 얼굴 한번 보자며 아내에게 연락을 보냈다. 이전에는 자주 만나 살가운 정을 나누었는데 그간 뜸했다. 사람은 만나야 정이 드는데 지금껏 코로나19가 방해한 탓이다.
 사오 년 전부터 이웃집 옆에 텃밭을 가꾸고 있다. 텃밭 농사에서 가장 큰 애로사항은 비가 내리지 않으면 물을 구해야 하는 일이다. 여름에 자주 수돗물을 얻어 쓰는 이웃사촌이니 폐를 끼치고 있어 먼저 대접해야 하는데 한발 늦었다. 고마운 이웃이 있기에 지금도 물 걱정은 하지 않는다. 물값 한번 지급하지 않고 고맙다는 인사만 한 게 전부라 미안한 마음이 앞선다. 멀리 떨어져 사는 친척보다 가까운 이웃사촌이 낫다는 말에 공감하며 초대에 응한다.
 단독 주택 주민들은 가까이 있는 텃밭을 좋아할 리 없다. 이웃사촌도 텃밭을 가꾸어 그들의 심정을 잘 알고 있다. 텃밭 주인들이 이웃의 조용한 삶을 방해하는 것이나 다름이 없다. 농작물에 퇴비를 줄 때는 발효가 덜 되어 냄새가 난다는 항의를 받지 않기 위해 조심스럽게 해도 걱정된다. 작물을 수확한 뒤 줄기나 검불도 아무 데나 버리지 않는 게 이웃에 대한 최소한의 예의다.

서들마을은 아파트에서 겪을 수 있는 층간소음 없이 평온하게 살려고 이사 온 분이 많다. 직장인은 부산과 가까워 도시철도로 출퇴근할 수 있으니 생활하는 데는 불편이 없다. 은퇴자는 전원주택 삼아 사는 분이 대부분이다. 나이가 들면 자연과 더불어 조용하게 살고 싶다는 사람도 병원이나 편의시설이 멀면 주저하게 된다. 우리 가족도 앞으로 단독 주택에 살면서 텃밭까지 가꿀 수 있는 땅이 있었으면 기대하지만 과분한 욕심이다.

직장에서 정년 퇴임 때까지 농사일은 할 줄 몰랐다. 선친은 도시 생활이 적성에 맞지 않아 귀향하여 농부로 평생을 보냈다. 학창 시절에 부모님이 농사짓는 걸 보기만 했다. 당신의 자식들은 무조건 도시에서 직장을 다녀야 한다며 힘든 농사일은 시키지 않았다. 지금 생각하면 아버지의 판단 덕분에 직장 생활을 하는 동안 별 어려움 없이 살아온 듯하다. 부모님은 농사가 고된 일이라 자녀에게 물려주고 싶은 마음이 전혀 없었다.

아버지는 자식을 대도시인 부산으로 진학시켰으나 농사일로는 돈을 벌기가 어려웠다. 학비도 마련하는 게 버거웠다. 봄에는 부업으로 누에를 키우는 게 주된 일이고, 여름은 수박을 재배하여 학자금을 마련했다. 가을에는 벼를 수확하여 돈을 장만

하여도 가정 형편은 크게 나아지지 않았다. 요즘처럼 비닐하우스로 농작물을 재배하여 돈을 버는 때가 아니었다. 시골 생활의 어려운 살림살이가 눈에 선하다.

인생 이모작을 살면서 텃밭을 알았다. 아내에게 밭일을 해 본 적이 없는데 텃밭을 가꾸는 게 신기하다고 했다. 집사람을 잘 만나서 그렇다는 현명한 대답이 돌아온다. 어느덧 텃밭 오 년 차에 접어들면서 모든 게 익숙해졌다. 삽질도 농부의 능숙한 솜씨는 아닐지라도 어느 정도 흉내는 가능했다. 귀농하여 농사지으며 여생을 보낼 마음은 없어도 텃밭은 노후 삶의 일부가 되었다. 선친이 재배하던 수박, 고추, 고구마를 키우고 있어 사람 앞날은 아무도 모른다는 말이 틀리지 않았다.

주말은 스트레스를 풀며 텃밭에서 일하는 게 즐거움이다. 몸은 무리하지 않을 만큼만 움직인다. 과로로 병원 신세를 지면 하지 않는 것보다 못하다. 내 나이쯤 되면 욕심을 부리면 몸은 정확하게 안다. 쉬엄쉬엄 일하는 게 텃밭 가꾸기의 첫 번째 조건이다. 노후는 개인의 노력에 따라 즐겁게 보내기도 하고 그렇지 않을 수도 있다. 노력은 사람을 배신하지 않는다는 말에 고개가 끄덕여진다.

텃밭 일이 끝나면 또 다른 즐거움이 기다리고 있다. 취미는 살아가는 데 윤활유 역할을 한다. 글쓰기는 치매 예방에 도움이 될 뿐만 아니라 정신도 맑게 해 준다. 코로나19가 한창일 때 집에 있는 시간이 늘어남에 따라 글 쓰는 시간이 많아 좋은 면도 있었다. 글은 퇴고를 잘해야 좋은 작품이 나오는데 그게 말처럼 쉽지 않았다. 독자는 작가보다 밝은 눈을 가지고 있다. 인생 이모작에 여유가 있어 텃밭을 일구거나 글쓰기에 마음을 쏟으니 무슨 복인가 싶다.

  문학회 모임을 끝내고 약속 시간에 맞춰 이웃집으로 갔다. 아내는 텃밭을 하면서 모르는 사람이 없을 정도로 이웃사촌이 많다. 사람은 혼자서 살 수 없다. 마음이 통하는 친한 이웃이 있어 말동무가 되어 주니 외롭지 않다. 속마음을 터놓고 지낼 수 있는 사람이 많으면 많을수록 좋다. 식탁 위에는 이웃 텃밭에서 수확한 채소류가 풍성하게 준비되어 있다. 명분은 책을 선물로 받았다고 저녁을 대접하는 것이지만, 코로나19 때문에 자주 만나지 못해 얼굴을 보며 서로 안부를 살피기 위함이다. 수필집이 매개체가 되어 초대받았으니 이래저래 고맙다.

  남자들은 직장에서 퇴직하고 오래 쉬면 우울증이 오기 쉽다. 제2의 인생에는 시간이 많으므로 텃밭을 가꾸면 건강뿐만 아니라 정서적으로 안정되니 더없이 좋은 소일거리다. 무공해 농작물을 제 손으로 길러 먹는다고 생각하면 힘든 줄 모른다. 특별한 기술이 없어도 누구나 할 수 있다. 초보자는 인터넷으로 농사에 대한 기본적인 지식을 쌓으면 된다. 컴퓨터가 익숙하지 않으면 책을 찾아봐도 좋다. 집 근처에 땅을 구할 수 없으면 도시 근교에서 개인이 임대하는 토지를 찾으면 된다. 지인이 하고 있으면 같이 해도 좋다. 땅은 정직하여 부지런히 움직이면 수확이 풍성하다.

전기 불판에는 삼겹살이 익어 간다. 평소 술을 즐기지 않아도 오늘같이 좋은 날에 맥주 한 잔 정도는 술술 넘어간다. 술이란 사람과 사람 사이를 연결해 주는 정이 넘치는 매개체다. 살아가면서 정이 없으면 삶은 무미건조하기 마련, 만찬에는 이웃사촌 친구 부부도, 떡집을 하는 안주인도 동참하여 자리를 빛내 준다. 반려견도 주인을 지키기 위해 보초를 서고 있다. 정원에는 시원한 바람이 농작물의 냄새를 실어 나른다. 가슴 따뜻한 이웃사촌이 초대한 저녁 만찬은 사람과 사람, 사람과 자연이 한자리에 모이는 텃밭 만찬이었다.

그래도 속고 싶다

 귀갓길, 도시철도 증산역에 내린다. 인도에 올라 횡단보도 신호등이 녹색으로 바뀌기를 기다리는 중이다. 밤이라 마음은 급한데 중학생쯤 되어 보이는 아이가 옆에 와서 말을 건다. 후드티 모자를 쓴 얼굴이 어려 보인다.
 여기가 어딘지 묻는다. 도시철도나 버스를 타고 왔으면 양산이라는 걸 알고 내렸을 텐데 위치를 묻는 게 아무래도 이상하다. 이곳이 양산 물금이라 알려 주며 학생은 어디서 왔느냐고 물어본다. 청도에서 인스타그램으로 사귄 친구를 만나기로 했는데 보이지 않는다고 대답한다. 이곳에 도착하여 전화 통화를 하였는지 물어도 휴대전화가 없다고 한다. 피시방에서만 연락을 주고받았다니 선뜻 이해되지 않는 말이다.
 가족에게 연락해 줄 테니 부모님 휴대전화나 집 전화번호를 물어봐도 없다고 한다. 집안이 가난하여 전화도 없을 만큼 어렵게 살아가고 있을까, 아니면 나를 속이는 것일까. 어느 학교 다니냐고 재차 물어보니 청도 C 중학교 1학년 2반 김ㅇㅇ이라고 한다. 중학교 1학년이 휴대전화도 없이 토요일 저녁에 양산까지 혼자 온 건 모험에 가까운 일이다. 청도라는 말에 퇴직 후 귀촌하여 감나무 농사를 짓는 직장 선배가 떠오른다. 해마다 시월이면 청도 반시盤柿 수확을 도와주러 가고 있어 정다운 고장이라는 인상은 갖고 있다.

 친구 전화번호도 모른다는 말이 의심스럽기도 하지만 대수롭지 않게 넘긴다. 설마가 사람을 잡는다는 말이 있다. 하지만 저 순진한 중학생이 거짓말을 하랴 싶다. 1학년이면 초등학교를 졸업한 지도 겨우 두 달이 채 지나지 않는다. 장래에 우리나라를 이끌어 갈 학생이 아닌가. 학생이 하는 모든 말을 믿고 싶다.

 도시철도 역무안전실에 아이를 데리고 들어가 자초지종을 이야기하니 경찰서에 신고하는 게 좋다고 한다. 한순간 당혹스러웠지만 신고하는 것보다 내가 집으로 보내 주는 게 좋을 것 같다. 아이가 부산역에 가면 청도행 열차가 있다고 한다. 지금 시간에 부산역에 가면 늦어서 기차를 놓친다. 부산역은 늦어서 안 된다고 하니 구포역으로 가면 탈 수 있다고 한다. 여직원이 대화를 듣고 있다가 가까운 물금역에 가면 21시 40분에 청도 가는 무궁화호 막차가 있다고 알려 준다.

 고맙다고 인사한 후 사무실을 나온다. 물금역으로 가는 시내버스에 아이를 급하게 태워 보낸다. 버스 기사에게 물금읍 행정복지센터에서 내려 물금역을 잘 찾아갈 수 있도록 도움을 부탁한다. 청도까지 가는 경비로 이만 원을 손에 쥐여 준다. 아이를 보내고 집으로 가면서 문득 버스를 홀로 태워 주는 게 아니라 같이 물금역까지 가서 기차표를 끊어 줘야 했다는 생각이 든다. 생각이 짧았음을 탓해 보지만 이미 끝난 일이다. 경비도 너무 적게 준 것 같아 마음이 무겁다.

아이가 집에 잘 갔으리란 생각이 들어도 한편으로는 염려스럽다. 도움을 주려면 끝까지 돌봐야 하는데 아쉬움이 크다. 낮이라면 걱정 없이 잘 찾아갈 수 있을 텐데, 밤인 만큼 어른으로서 보호할 의무를 저버린 듯하다. 아이 걱정에 잠을 못 이루다 새벽 세 시경에 깬 후 그루잠이 달아나 버린다.

잠을 설친 탓에 멍한 머리로 아침을 맞는다. 열 시경에 물금역에 전화를 거니 한국철도공사(코레일) 콜센터로 연결된다. 간밤에 일어난 이야기를 하면서 학생이 청도행 기차표를 끊었는지 알 수 있을까 싶어 물어보지만 어렵다고 한다. 직원은 물금역에서 청도역까지 사십여 분이 걸리며 요금은 삼천삼백 원이라고 말해 준다. 적은 돈이지만 이만 원으로 기차표를 사고 저녁은 편의점에서 도시락으로 때울 수 있는 금액이라 안심이 된다.

물금역에서 아이가 탑승했는지 확인하기 어려워 그냥 잊어버리려고 해도 행여나 잘못되진 않았을까 싶어 가슴이 요동친다. 오전 내내 마음이 불안하여 더는 견딜 수가 없어 인터넷으로 C중학교를 검색하여 전화를 건다. 어젯밤 이야기와 함께 아이가 등교한 것만 확인하고 싶다고 하니 직원이 개인정보라 가르쳐 주기가 어렵다고 도리어 양해를 구한다. 거듭 아이가 등교만 하였는지 알면 된다고 부탁하니 부장 교사에게 전화를 돌려 준다.

1학년 학생 중에 김○○이라는 이름을 가진 아이는 없으며 오늘은 견학을 가는 날인데 결석한 학생이 한 명도 없다고 덧붙인다.

비로소 김○○이나 결석한 학생이 없다는 말에 마음이 놓인다. 아이가 가명으로 이름을 말하였을지라도 결석생이 없으니 무사히 집으로 돌아갔다는 말이 된다. "온전한 사람이라도 삼일을 굶으면 남의 집 담을 넘게 된다."라는 속담이 있는데 그런 학생은 아니었으면 한다.

김○○ 학생을 생각하니 오십여 년 전 고등학교 다닐 때 구걸하던 남자의 모습이 문득 떠오른다. 범일동 버스 정류소에서 할아버지 한 분이 김해에 있는 딸네 집에 가야 하는데 차비가 없다고 도움을 요청했다. 친할아버지가 돌아가신 지 삼 년밖에 안 돼 그리움이 남아 있을 때였다. 그때 시내버스 요금이 백 원인데 두말없이 천 원짜리 한 장을 드렸다. 마음속으로 적선했다고 생각했다.

좋은 기분은 오 분을 채 넘기지 않았다. 옆에서 다른 사람에게도 구걸하는 모습을 다시 보고 속았다는 생각이 들었다. 할아버지에게 거짓말에 넘어가 차비를 주었다고 반환을 요청할 수도 없는 노릇이었다. 어르신이 학생에게 구걸하는 창피함도 무릅쓸 만큼 힘든 삶을 살고 있었을까.

그날 이후로 적선을 구하는 사람을 만나면 마음은 아려도 혹시나 하는 생각에 호의적으로 대할 수 없었다. 한눈에 봐도 처지가 딱해 보이는 사람일지라도 좋지 않은 기억이 먼저 떠올라

쉽게 마음을 열지 못했다. 중학생에게는 청도에서 왔다는 말에 선입견도 다 잊어버리고 그만 마음을 빼앗기고 말았다.

  중학생이 허기에 지쳐 거짓말을 하였든, 호기심으로 다른 지역으로 여행을 가 보고 싶었든, 속마음은 여리고 순한 아이라 믿는다. 청도에서 양산까지 온 용기와 낯선 이에게 말을 걸어 여비를 벌어 갈 정도의 당찬 기백이면 걱정 또한 지나친 기우다. 가난이 아이에게 어떤 시련을 주었는지 알 길 없으나 도전정신으로 헤쳐 나가면 힘든 상황도 전화위복이 되리라 응원을 보낸다. 그런 상황이 다시 온다 해도 나는 중학생의 말에 그래도 속고 싶다.

제4부

국가가 맺어 준 인연

생일 봉투
이번에는
국가가 맺어 준 인연
옥련암과 아내
165-080423
초사병, 늦은 것도 나쁘지 않다
둥지
커피 단상

생일 봉투

 지갑에 너덜너덜한 편지봉투가 한 장 있다. 테이프로 붙인다 해도 온전하게 안 된다. 삼십여 년 전 내 손에 왔을 때는 현금 오만 원이 들어 있었다. 어머니가 생각날 때마다 보기 위해 지니고 다닌다.
 어머니가 아내에게 당신의 아들 생일상이라도 잘 챙겨 주라고 보낸 봉투다. 결혼 후 서너 번 받았지만, 마지막에 받은 한 장만 간직하고 있다. 흙과 함께 평생을 살아온 당신에게는 오만 원은 거금이다. 시골에서 그만한 돈을 마련하려면 쌀이나 농산물을 팔아야 가능하다. 농부의 아내는 살림도 살아야 하고 농사도 지어야 하는 만큼 힘이 곱절로 든다. 어머니의 살림도 넉넉한 편은 아닌데 둘째가 걱정되어 보내곤 했다. 아들이 가정을 이루고 있어도 내리사랑은 끝이 없다.
 요즘 아이는 대부분 부모로부터 생일 선물을 받는다. 어릴 적에는 장난감부터 시작하여 초중고로 올라갈수록 휴대전화, 전자제품, 노트북으로 상품이 바뀐다. 자녀가 결혼한 이후 선물을 주는 사람은 부모에서 배우자가 된다. 어머니가 생일날에 주는 봉투에는 아들이 잘 살았으면 하는 마음이 들어 있다. 자식이 부모님 생일상을 차려 주는 경우는 많아도, 부모가 결혼한 아들 생일을 챙겨 주기는 쉽지 않은 일인데 어머니는 그리하였다. 며느리에게 말해도 될 일인데 부탁하기가 어려웠을까.

일찍이 객지 생활을 하다 보니 늘 부모님의 따뜻한 사랑에 목이 말랐다. 부모님은 자녀의 앞날을 위해 도시에 있는 학교로 보냈으나 사춘기를 겪는 아이는 홀로 외로움을 삭이는 일이 많았다. 중학생이 부모와 떨어져 생활하기란 여간 어렵지 않았다. 목소리가 큰 아버지 성격을 닮아 객지로 보낸 아들이 남들과 다툼이라도 있을까 걱정도 많았을 테다. 학교에 다닐 때는 숙모와 이모 집에서 숙식을 해결했다. 결혼하기 전까지는 여동생에 이어 형수와 같이 생활하여도 허전한 마음은 채워지지 않았다. 아내와 가정을 이루면서 비로소 안정을 찾았다.

농촌 사람들의 생활은 부자나 가난한 이나 오십보백보다. 부모님은 조부모로부터 물려받은 전답이 있어 먹고사는 데는 걱정이 없어도 자식 공부가 문제였다. 돈이 필요할 때마다 차례로 전답을 처분하여 학비를 보내 주었다. 방학 때 시골집에 가도 농사일은 일절 시키지 않았다. 부모님은 농사가 어려운 줄 알고는 물려주고 싶은 마음이 없었다. 네 남매는 무조건 도시에서 직장을 다니며 살아가길 바랐다.

어머니가 둘째 아들을 염려하는 마음은 한결같다. 도시에서 건강한 몸으로 공부하도록 매일 장독대 위에 정화수를 떠 놓고 빌었다. 남들이 일어나기 전에 먼저 마을에 있는 공동 우물에서 떠 가지고 온 맑은 물이다. 신도 정성을 알아주었을까. 공부를 끝내고 직장을 얻었다. 어머니의 기도가 없었으면 불가능했을지 모를 일이다. 재수할 때 말없이 응원해 준 모습이 언제나 어머니의 사랑으로 남아 있다.

　남자에게 직장은 가족을 부양하는 것뿐만 아니라 사회생활을 하는 데 필수 조건이자 한 가정을 지키는 울타리이기도 하다. 한 집의 가장이 불황에 따른 구조조정으로 직장을 잃고 고통을 당한다는 소식을 접하면 마음이 아프다. 어쩔 수 없는 구조조정이라도 근로자 입장은 하루아침에 살아갈 길이 막막해져 버린다. 누구라도 한 가정을 불행의 길로 내몰 수 있는 권한은 없으나 서로 다른 입장이라 누굴 탓하겠는가. 정년까지 무탈하게 직장에 다닌 것만으로 어머니에게 효도한 셈이다.

　못난 아들이 은혜를 다 갚기도 전에 당신은 급하게 하늘의 별이 되었다. 언제까지나 만날 수 있고 생일이 되면 종종 생일 봉투를 받을 수 있다고 생각했다. 어머니의 돈은 어쩌다가 들어온 원고료보다 더 소중했다. 당신이 극락왕생하여 살고 있으면 훗날 만나서 다시 아들로 태어나고 싶다. 세상에서 제일 따뜻한 사람이 어머니였으니 어디든 곁에 있고 싶다.

　직장 생활을 무탈하게 보낸 건 타인의 돈에 욕심을 내지 않고 검소하게 살았기에 가능했다. 부조리로 옷을 벗는 사람을 많이 보았기에 매사에 조심했다. 어머니가 아들이 어떻게 사는지 늘 지켜본다고 생각하면 더더욱 과욕을 부릴 수 없었다. 생일 봉투는 분수에 맞게 살아가라는 말 없는 당부였다. 사랑이 스며든 봉투는 용기를 잃지 말고 살아가게 해 준 격려금이자, 뇌물을 멀리하고 살아가라는 주문이기도 했다.

돈을 싫어하는 사람은 없다. 사람들은 대개 남의 돈에 욕심을 부리지 않아 그나마 사회가 맑다. 욕심이 과하면 뇌물을 뿌리치기가 어렵다. 돈이 사람을 선하게 만들기도 하지만, 때로는 파멸의 구렁텅이에 빠뜨린다. 가정을 꾸리는 데는 어느 정도만 있으면 크게 불편은 없다. 월급으로 검소하게 생활하면서 아이들 교육만 시킬 수 있으면 족하다.

편지봉투라 하면 부조리가 먼저 떠오른다. 오만 원짜리는 뇌물이나 촌지를 주기에 좋다. 한 장에 오백만 원 정도가 들어간다고 해도 나와는 상관없는 일이다. 봉투 입장에서는 즐거운 소식만 전해 주는 임무를 다하고 싶었을 텐데 부조리라는 오명을 쓸 때는 참으로 당황스럽고 불만도 많을 것 같다.

일부 사람들이 뇌물을 주는 데 사용하여도 항의를 못 할 뿐이다. 검은돈 봉투를 받을 때는 대가가 있다. 수뢰인 줄 알면서도 순간에 혹해 거절하기가 쉽지 않다. 뇌물을 받고도 안 받았다고 뻔뻔하게 거짓말하는 사람을 보면 양심이 애당초 없었을 거다. 세상에 공짜가 없다는 이치를 아는 이라면 뇌물은 멀리할 수 있다.

어머니는 막냇동생을 낳은 후 몸이 불편하여 농사일하는 데 힘이 들었다. 아버지가 어머니 대신에 살림을 살다시피 했다.

다른 사람에게는 오만 원이 하찮을지라도 돈을 마련하기 어려운 어머니에겐 큰돈이다. 아내는 어렵게 살아갈 때 시어머니의 마음 씀씀이가 고마웠다고 자주 이야기한다. 지갑 속의 생일 봉투는 닳아 없어질 때까지 주인과 함께할 것이다. 출근길에 봉투를 만지작거리며 어머니의 사랑을 확인한다. 오늘도 모자가 사이좋게 길을 걷는다.

이번에는

 2024년 새해 아침이다. 부산문화재단의 '부산문화예술지원사업' 창작지원금 수혜자 선정이라는 반가운 소식을 기다리고 있다. 장담은 할 수 없어도 미리 부정적인 생각은 하지 않는다. 설령 결과가 나쁘더라도 글에 대한 용기는 잃지 않을 것이다. 세상사가 아무리 내 뜻과 다르게 흘러가도 희망은 있는 법이다. 누구는 한 번 만에 선정되었다며 웃음꽃을 피우지만 일 년은 긴 인생에서 찰나에 불과하다. 내년에 또 도전하면 된다.
 나는 뭐든지 두세 번 정도는 도전해야 뜻을 이룰 수 있었다. 늦게 열매를 맺는 나무라고 생각하면 마음이 편해진다. 선정은 로또 복권처럼 추첨으로 하는 게 아니라 작품성에 달려 있어 그나마 위안으로 삼는다. 인생의 3대 불행이 소년등과, 중년 상처, 노년 빈곤이다. 지금껏 작은 일에도 감사하는 마음으로 살아서 큰 욕심은 부리지 않는 편이지만, 글쓰기는 은근히 자부심이 있어 내심 기대는 하고 있다.
 지난해 12월 12일 새벽까지 잠을 이룰 수 없었다. 사람들은 이날을 1979년 신군부에 의한 12.12 반란을 기억하겠지만, 마침 창작지원금 신청 마감일이라 퇴고에 매달렸다. 자정까지 신청할 수 있는 하루의 여유가 남아 있어도 혹시나 하는 마음에 원고를 붙들고 놓기가 어려웠다. 학년말시험을 앞둔 학생이 밤샘하며 공부하는 심정이었다. 수필 쓰기가 어렵다는 걸 퇴고하면서 한 번 더 절감했다. 작품성을 인정받는 글은 첫째도 둘째도 형식이 아니라 진정성과 예술성이다.

발송을 끝내고도 긴장이 풀리지 않아 침대에서 뒤척이다가 아침을 맞았다. 수면 부족으로 이런저런 생각이 들어도 인생은 참으로 아름답다는 생각에 달뜬 마음이 쉬 가시지 않았다. 수필이란 문학을 늦게라도 알고 나서는 삶에 의욕이 생겼다. 평온한 인생에 과욕을 부리면 화를 부르는 법인데 글에 대한 소박한 욕심은 느지막이 들어선 길에 성취감을 안겨 준다. 글 한 편의 작은 성취가 글 밭을 풍성하게 일구는 첫걸음인 까닭이다.

잠을 설쳤더니 제2의 인생에서 소중하게 얻은 근무지에 출근하여도 머리가 띵하여 잠만 쏟아진다. 밤잠을 못 이루고 준비한 보람이 있으리라는 긍정적인 생각을 하자 피로가 싹 가셨다. 수필집 발간에 따른 비용을 지원받는 것도 물론 중요하나 작품성을 인정받고 싶은 마음이 더 간절하다. 내가 지은 수필이 공감을 얻지 못해 좋은 글이 아니라는 말은 듣지 않았으면 한다.

신청을 끝낸 후 한동안 허탈감이 밀려와 글이 제대로 쓰이지 않았다. 재충전하라는 몸의 신호인 것 같아 한 달간 푹 쉬었다. 글쓰기 대신에 여행과 독서로 소재를 찾아 나섰다. 오늘은 실패

하더라도 내일의 성공을 위한 도전 정신은 포기할 마음이 없다. 2전 3기도 좋고, 3전 4기도 좋다. 실패를 겪은 사람만이 성공의 단맛을 말할 자격이 있다.

운동선수는 경기에서 이길 때도 있고 지기도 한다. 경기 때마다 늘 이기는 선수가 없고 지는 선수도 없다. 어느 유명한 권투 선수는 4번 넘어지고도 일어나 상대 선수를 KO로 이겨 4전 5기 신화를 만들었다. 실패를 다반사로 겪어 온 사람은 어려움이 닥쳐도 빨리 극복한다. 모든 일은 마음에 달려 있어 지난날을 거울삼아 더 노력하면 좋은 결과가 올 것이다.

대나무 성장 속도를 한 번씩 생각하면 그저 겸손해질 수밖에 없다. 모죽母竹은 제아무리 성장에 필요한 영양분을 충분히 공급해 줘도 오 년 정도는 거의 자라지 않는다. 2~5년 내내 땅속 깊숙한 자리에서 뿌리가 10m 넘게 사방으로 뻗어 가면서 조용히 때를 기다린다. 오 년이 지나면 하루에 70~80㎝씩 죽순이 자라기 시작해 육 주 후에는 30m가 넘는다.

죽순 티를 벗어나면 지조와 절개를 상징하는 대나무가 되어 고고한 자태를 과시한다. 그 어떤 태풍이나 악천후에도 쓰러지거나 부러지지 않는 이유가 튼튼한 뿌리 때문이다. 대나무는 성장을 위해 철저하게 준비하는데 돌이켜 보면 나는 글을 쓰면서 인고의 세월을 지나거나 실패의 아픔도 그리 겪지 않았다. 오히려 조급함에 매달리어 감동을 주는 수필을 쓰지 못하는 건 아닌가 반성해 본다.

지난해는 서류를 발송하고도 무덤덤했는데 올해는 재수생 입장이라 은근히 기대된다. 언제부터 글을 썼다고 지원금에 매달리는지 스스로 생각해도 웃음이 나온다. 수험생이 대입 합격자 발표를 기다리듯 가슴은 설렘으로 가득하니 이것만으로도 얼마간의 성취다. 선정되리라는 믿음이 실망으로 변하면 마음이 아프겠지만 이 나이에 설렐 수 있으니 좋지 아니한가. 좋아하는 수필을 공부하고 책까지 발간하려니 욕심은 분명하나 글을 향한 소박한 마음은 신도 허락해 주리라 생각하며 위안으로 삼는다.

지난 일요일에 금정산에 있는 M사를 찾았다. 신앙으로 믿는 종교가 없어도 한 번씩 심신을 안정시키기 위해 의지하는 곳이 사찰이다. 경내에는 신도와 등산객들로 붐빈다. 사람마다 기도의 목적은 다르겠으나 대개 비슷할 거다. 살아가는 일이 집집이 크게 다르지 않듯 가족들의 건강, 대학 합격, 취업 등이 주된 소원일 듯하다. 연약한 인간으로 오늘 하루만이라도 부처님께 소원을 들어주십사 하고 기도한다.

이번에는 어떻게 되려나. 한 달 남은 결과를 기다리는 마음이 홀가분히 가벼우면서도 무겁다. 삼수생은 하기 싫어도 작품이 별로라고 하면 좋은 글을 쓰기 위해서는 더 치열하게 노력하는 방법밖에 없으니 달게 받아들여야 한다. 이런 고민을 하는 사람이 나 말고도 또 있겠다고 생각하며 행복한 2월 초를 기다린다. 그날의 기쁜 소식이 얼른 와서 결혼 41주년 기념을 아내와 함께 자축하고 싶은 꿈도 이루어지면 뜻깊은 선물이 되겠다.

국가가 맺어 준 인연

 속절없이 흘러간 세월이라도 뒤돌아보니 참 아름답다. 삼십사 년간 한 직장에서 근무한 덕분에 많은 사람과 인연을 맺었다. 좋은 만남이 대부분이지만 만나지 않았으면 하는 사람도 더러 있다. 내 의지와 상관없는 만남이라 어쩔 수 없는 일이었다.
 평생직장이 사라져 가는 시대에 한 직장에서 정년을 맞이한다는 건 쉽지 않다. 공무원이나 공기업, 대기업 근로자들은 정년이 보장되어 가능하여도 일반 직장인이라면 그렇지 못하다. 은행 등 금융기관에서도 오십 대가 되면 희망퇴직을 생각해야 하는 게 현실이다. 어려운 시대에 운 좋게 정년 퇴임을 하여도 홀가분한 마음보다 앞날이 걱정이다. 예순은 아직도 청춘이라 경로당은 고사하고 어디에 가서 명함도 못 내민다. 도시철도도 육십오 세가 넘어야 지공선사 대열에 겨우 끼일 수 있다.
 사십여 년 전 한여름, 오매불망 기다리던 발령장을 손에 쥐었다. 불볕더위가 맹위를 떨쳐도 발령장을 물끄러미 바라보니 더운 줄 몰랐다. 당시 직급은 5급을, 지금은 갑, 을이 없어지고 그냥 9급이다. 오늘날 공무원은 인기가 많아도 그때는 그다지

인기가 없었다. 경쟁률도 보통 3~5 대 1 정도로 길게 잡아도 한두 해 공부하면 합격할 수 있었다. 국가가 맺어 준 인연이 시작되는 날 동년배 젊은이 일곱 명이 모였다. 부산에 집이 있는 사람은 한 사람뿐이고 나머지는 다른 지역 출신으로 연고만 있었다.

직장은 어디를 가나 동료와 관계가 원만하고 마음이 맞아야 어려움도 이겨 낼 수 있다. 한 사무실에 근무하는 동안 모난 성격을 가진 사람이 있으면 피로할 수밖에 없다. 일곱 명의 동료는 쉽게 한마음이 되지 못했다. 학교도 아닌 직장에서 만난 사람이라 그러려니 하고 서로 이해하며 지냈다. 동료애를 다지는 모임도 쉽지 않았다. K는 몇 년 근무하지 못하고 다른 직장으로 옮겨 소식마저 끊어졌다.

늦은 나이에 말단으로 근무하기가 만만하지 않아도 견뎌 내야 했다. 스스로 능력이 있다고 자부심 넘쳐도 상사는 인정해 주지 않았다. 평소에 유대 관계를 만들어야 하는데 잡기에는 관심이 없어 뒷날을 기약했다. 근무는 어려워도 가정이 안정되니 내 집 마련의 기쁨은 일찍 찾아와 남모르게 용기가 솟아났다. 전세살이의 설움을 겪으면서 내 집 마련에 목표를 두니 계획보다 빨리 남의 집에서 탈출했다.

선배인 S 씨와 친해진 것도 이때쯤이다. 같은 취미가 없어도 서로 마음이 잘 통했다. 선배는 후배를 포용하는 힘이 있었다. 상사뿐만 아니라 후배에게도 잘 대하기란 어려운데 그는 달랐다. 남에게 베풀기를 좋아하는 성격이라 퇴직 후에도 여전히 후배를 잘 챙긴다. 직장에서 사사로운 이익을 취하지 않는 선배라 따르는 후배가 많았는데 그중에 나도 있다.

말단을 벗어나면서 같은 취미를 가진 두 분의 상사를 만난 게 인생의 전환점이 되었다. 한 분은 수필가, 다른 한 분은 등산 애호가다. 근무하면서 평소와 다른 일을 겪으면 글을 썼고 주말에는 건강을 위해 산으로 돌아다녔다. 정적인 것과 동적인 취미를 가져 몸과 마음이 안정되고 건강하니 모든 일이 긍정적으로 보였다. 두 가지가 한꺼번에 찾아온 건 봄날에 새싹이 돋는 것처럼 희망으로 가득 찬 일이었다.

인생은 늘 좋은 날만 있을 수 없는 것처럼 나에게도 엇박자로 더위와 추위가 찾아들었다. 역경 속에서도 가족이 있어 견뎌 낼 힘이 생겼다. 가족의 사랑이 없었다면 중도에 그만두었을지도 모른다. 무미건조한 삶보다 어느 정도 스트레스가 있어야 풀려고 노력한다는 말에 공감이 갔다. 부모 곁을 떠나 객지 생활을 오래 하였기에 뭐든지 스스로 해결할 힘이 있었다.

어느덧 네 곳의 근무지를 돌아다니다가 국가가 맺어 준 인연이 끝날 때가 다가왔다. 정년 퇴임을 삼 개월 정도 앞두고 산행 중 뜻하지 않게 무릎을 다쳤다. 우리나라 최후의 빨치산인 정순덕이 은신한 아지트를 찾아 나섰다가 하산할 때 무릎 연골이 파열된 것이다. 그녀의 혼이 내 무릎을 스친 게 아닐까도 상상해 본다.

부상으로 일 년은 산행 대신에 자전거 타기로 눈을 돌렸다. 자전거도 산행처럼 재미는 있었지만 단조로웠다. 누구나 퇴직하면 외국 여행도 가고 시간을 보내야겠다는 말은 해도 실천하는 사람이 드물다. 남자란 모름지기 아침에 나갔다가 저녁에 들어와야 하는데 온종일 집 안에서 소일하기도 쉽지 않았다. 덕분에 책 읽을 시간은 많아도 머리에 잘 들어오지 않아 두세 번 읽어야 했다.

일 년이 지나자 먼저 퇴임한 선배가 전화로 근황을 물었다. 선배는 현직일 때 맺은 인연의 끈을 단단히 잡고 있었다. 후배가 끈을 놓지 않고 잘 잡았어야 하는데 그 반대가 되었다. 인연이란 서로 어려울 때 만나면 오래간다. 고부갈등과 시누이와 올케 갈등도 서로 배려심이 중요하듯, 직장 동료 사이도 자기 입장만 생각하면 만남이 이어질 리 없다.

선배는 같이 근무할 때보다 퇴직 후에 더 깊은 인연을 만들었다. 예순을 넘어가니 갈 수 있는 곳이 거의 정해져 있다. 경비를 고려하여 하루를 보내기 위해서는 배낭을 메는 것보다 좋은 곳을 찾기가 쉽지 않다. 퇴직자에게는 험한 산행보다 몸에 무리가 가지 않는 바닷가나 둘레길 걷기가 적당하다. 지금도 애석하게 생각하는 건 해파랑길을 중도에서 그만둔 일이다. 용호동 오륙도 앞 출발지에서 시작하여 울산 일산해수욕장에서 끝이 났다. 바닷가를 걷는 재미가 쏠쏠하였는데 아쉬움이 많다.

퇴직 이후 동료와의 인연은 거의 끝났다. 계속 이어지지 않는다고 아쉬워할 일도 아니고 미련이 남아 있는 것도 아니다. 만남은 소임을 다하면 헤어지게 마련이다. 참으로 안타까운 일이지만 어쩔 수 없다. 선배가 직장의 인연은 수명을 다했으니 폐기 처분하고 다시 싱싱한 사람을 찾으라고 농담한다. 둘의 구연은 끊을 수 없는 쇠줄이라 마음이 더 끌린다. 친구와 포도주는 오래될수록 좋다는 말처럼.

옥련암과 아내

통도사는 열일곱 개 부속 암자가 있다. 암자 중에 경내는 열다섯 개, 경외는 축서암과 관음암이다. 총 23㎞ 정도 되는 길을 도보로 한 번에 순례하는 사람도 있지만 나에게는 무리다. 암자 아홉 곳은 산행하면서 찾았고 나머지는 차량으로 이동하여 만났다. 옥련암玉蓮庵도 그중 하나로 나와 인연이 깊은 곳이다.

지금까지 산행할 때마다 사찰만 참배하고 암자 방문은 생각조차 못 했다. 암자 순례도 한번 시작하면 불교 신자가 아닌 이도 불심이 깊어질 것만 같아 용기를 냈다. 옥련암이 여타 암자와 달리 마음속 깊게 자리 잡은 건 마지막 글자인 '암' 자만 빼면 아내의 이름과 같기 때문이다. 한자인 옥련을 풀이하면 '구슬 연꽃'이란 뜻으로 고귀하고 청결한 이미지가 떠오른다. 고행과 깨달음을 의미하는 연꽃은 불교를 상징한다며 거리감을 가지는 사람이 있다. 흙탕물 속에서도 아름답게 피어나는 연꽃을 볼 때는 종교에 대해서 생각하지 않고 꽃으로만 감상하면 된다.

구슬 연꽃인 아내 이름은 출생신고를 하기 전 탁발하러 온 스님이 지었다. 1950년대 후반은 나라도 가정도 모두 어려울 때

여서 시골에는 하루가 멀다고 탁발승이 집집이 음식을 얻으러 다녔다. 시골 사람들은 불교 교리는 알지 못해도 스님에게 시주하는 게 복을 짓는 일임은 알았다. 스님이 방에서 아이 울음소리를 듣고 '옥련'이란 이름을 지어 주고는 다른 집으로 탁발하러 갔다. 옥련사나 옥련암의 스님인지는 알 수 없어도 장모님은 감사한 마음으로 이름을 받았다. 아들이었으면 부처님인 대웅이 대신에 소웅이나 차웅이로 지었을지 모른다.

  내가 제일 좋아하는 꽃은 연꽃이다. 아내의 이름을 연상시키는 꽃이기도 하거니와 연꽃의 됨됨이가 마음에 쏙 든다. 연은 하나도 버릴 게 없어 잎과 열매는 약용하고 뿌리는 식용한다. 아내가 점심으로 연잎밥을 땅속줄기인 연근과 함께 싸서 줄 때는 정성과 꽃의 의미를 한 번 더 생각한다.

  칠팔월에 붉은색이나 흰색의 연꽃을 보면 무더위도 잠시 잊을 수 있다. 연못이나 늪에서 많이 자라 지나가는 사람들도 발걸음을 멈춘다. 황산공원에서 산책할 때는 연꽃 단지 의자에 앉아 감상하기도 한다. 하루 종일 보고 있어도 싫증이 나지 않는다. 공원의 연꽃이 아무리 예쁘다고 뽐내도 옆에 앉아 있는 나만의 구슬 연꽃보다는 덜하다.

  옥련암에 연꽃은 없어도 옛적에 물맛이 좋다고 소문난 '장군수將軍水'라는 약수가 있었다. 조선 초기에 하북면 삼수리에 사는 삼 형제가 이 약수를 마시고 장군이 되었다고 하여 장군수라 불린다. 이곳 물을 매일 마시는 스님들은 힘이 굉장히 세서 큰절의 스님들이 완력으로는 당하지를 못했다. 하루는 큰절의 스님들이 가만히 의논하여 몰래 장군수 우물을 메우고 그 물길을 딴 곳으로 돌렸다고 한다. 그 후부터 옥련암에는 힘센 스님들이 나오지 않았다고 전한다.

주차장 옆에는 예전의 장군수가 아닌 장군 약수도 물맛이 좋아 뜨러 오는 사람이 줄을 잇는다. 물통이 한두 개가 아니라 수십 개씩 줄을 선 모습도 장관이다. 나는 약수를 받는 사람에게 양해를 구하고 얼른 한 컵을 마시고 나서 페트병에도 한 통 받는다. 아내 친구는 해마다 약수를 받아 장을 담근다고 한다. 차를 끓여 먹으면 맛이 다르다고 자랑이 늘어지면서 이 물로 우려 보라며 적극 권유한다. 약수터에는 두 개의 안내문이 붙어 있다. "이 물을 먹게 해 주시는 스님께 감사드립니다." "물통을 씻어 오시면 좋은 점."이라는 글귀다. 다른 이를 생각하는 고마운 사람들이 절에도 있다.

옥련암은 고려 공민왕 23년(1374년)에 쌍옥 대사가 창건한 암자로 세 번째 순례 때 처음 만났다. 현재의 옥련암은 법당인 광명전을 비롯하여 극락전과 요사인 과량전이 자리를 지키고 있다. 이전에는 정면에 '큰 빛의 집'이란 한글 편액이 있었다. "중생이 함께 성불하도록 하여 주소서." "중생의 고통을 대신 받게 해 주소서." 등 여섯 개의 한글 주련도 함께 있었다. 우리나라에서 유일하게 정면에 있던 한글 편액과 주련이 측면으로 옮겨져 아쉽기도 하다.

암자 입구에 늘어선 반송이 지친 순례객을 반갑게 맞아 준다. 반송은 키가 작고 가지가 옆으로 뻗어 관상용인 정원수로 사랑받는 나무다. 광명전 앞마당 입구 계단에는 명품 소나무 두 그루가 아치형을 이루어 서로 마주 보며 자란다. 어느 사찰이나 암자에서 보기 드문 모양이다. 분재로도 보지 못한 소나무를 가꾼 건 스님의 정성으로 이룬 공덕이다. 수형이 좋은 나무나 예쁜 꽃만 보면 텃밭에 키우고 싶은 욕심이 절로 생긴다.

 전 감원 법선 스님이 32년 6개월 동안 옥련암에 주석할 때인 1988년부터 십여 년간 법당을 중창하며 대대적인 불사를 하였다. 본전인 광명전에는 목조 비로자나불과 협시보살인 보현보살, 문수보살이 모셔져 있다. 부처님 제자인 1,250 아라한도 평온한 모습으로 불자를 반갑게 맞이한다. 목 조각장인 목아 선생이 3년 6개월에 걸쳐 완성한 대작이다. 법당 전체가 한 사람의 불교 미술로 가득 찼다고 해도 과언이 아닐 정도다.

 인천광역시에는 옥련동이 있어 옥련○○, 옥련○○○○란 이름의 아파트가 있다. 아내의 이름이 좋아 부산이나 양산에도 인천처럼 이름이 붙은 아파트가 있으면 한번 살아 보고 싶지만 객쩍은 꿈에 불과하다. 교육기관은 옥련유치원부터 고등학교까지 있다. 전국에는 도로명이나 마을에 옥련로, 옥련길, 옥련리 등이 있다. 옥련이란 이름이 있는 곳은 어디든지 한 번쯤 방문하고 싶다. 이쯤 되면 아내 바라기라 해도 변명의 여지가 없다.

 옥련암에서 떠 온 약수를 아내에게 건네며 이름에 대해 넌지

시 물어봤다. 정작 아내는 촌스럽다며 달갑지 않아 한다. 연꽃은 좋아하면서 흔한 이름이라고 마음에 안 드는 것인지. 큰스님에게 이름을 대신할 불명을 하나 받아서 주면 좋아할까. 탁발승이 시주에 대한 답례로 지은 불심이 담긴 옥련은 옛것을 아끼고 수집하는 아내에겐 안성맞춤인 이름이다. 아내를 위해 옥련재玉蓮齋 한 채를 지어 선물하고 싶다. 언제 이루어질지 모르는 희망사항이다. 늘그막에 이루어야 할 꿈이 하나 생겼다. 나에게 옥련은 부르기도 좋을 뿐만 아니라 세상 어느 꽃보다 아름답고 사랑스러운 이름이다.

165-080423

    보름 후면 설 명절이다. 사무실 책상 위 접시에 담겨 있는 강정이 반갑다. 삼 년 전 부모님이 앞서거니 뒤서거니 하늘의 별이 된 후 보냈다고 생각하니 손이 절로 간다. 조청 대신 물엿으로 만든 땅콩강정이라도 어머니 손맛을 그리워하기에는 충분하다.
    설날이 다가오면 어머니는 강정과 유과를 손수 만들었다. 강정을 만들기 위해서는 조청, 들깨, 쌀 튀밥의 재료를 먼저 준비한다. 조청과 재료를 버무린 후 강정 틀에 넣어 방망이로 평평하게 만든다. 틀을 걷어 내고 네모반듯하게 잘라서 말리면 맛있는 강정이 완성된다.
    읍내 오일장에서 사면 되는데 번거롭게 집에서 왜 만드나 싶었다. 어머니는 차례상에 올리기도 하고 가족도 먹는 것이라 집에서 만드는 게 마음이 편하다고 했다. 시대가 변하면서 이제는 시골에서도 집 강정이 거의 없어지고 시장에서 구매하여 사용한다. 아니다, 요즘은 명절 차례조차 없애는 집이 많고 가족 여행을 가거나 따로 보내는 사람이 늘어나는 추세이니 강정마저 사라지는 건 아닐까 싶다.

강정보다 유과를 만드는 게 더 까다롭다. 유과는 찹쌀을 씻어 닷새 정도 물에 담갔다가 골마지가 끼면 물을 버리고 빻는다. 가루가 되면 소금을 조금 넣어 반죽한다. 재료가 준비되어도 타원형이나 네모 모양을 만들어 건조한 다음에야 뜨거운 자갈 위에 구웠다. 식용유에 튀기면 편리해서 좋아도 그때는 시골에서 식용유를 구하기도 쉽지 않았다. 만든 후에는 유과에 조청을 발라 찹쌀가루나 쌀 튀밥을 붙여야 비로소 완성된다.

설날 아침에 동네 일가친지 어른들에게 세배 인사를 다니면 대부분 강정을 쟁반에 담아서 내놓는다. 유과는 정성이 많이 들어가는 한과라 만드는 사람이 드물었다. 남의 집에서는 얻어먹기도 어려운 유과를 어머니는 의령宜寧 산골의 외할머니 솜씨를 닮아 조상님에게 대접한 것이다. 조상님은 어머니의 이러한 정성을 알고는 아침에 편안하게 드시고 갔다고 믿는다.

섣달그믐이다. 유년 시절에는 작은설이라고 불렀다. 객지 생활할 때도 설날이 되면 발걸음은 저절로 고향으로 향하고 모두 부모님을 찾아뵙는다. 하루나 이틀 전에 부모님이 계시는 고향으로 찾아가는 게 명절의 첫 일과인 점은 그때나 지금이나 변함없다. 살아생전에는 집으로, 지금은 부산추모공원으로 가는 것만 바뀌었다. 나에게는 두 분이 영면하여도 늘 살아 계신 듯 가슴에 남아 있다.

부모님은 조상 대대로 살아온 시골이 아닌 추모 공원의 한 호실에서 사이좋게 잠들어 있다. 금실이 좋아 어머니가 하늘나라로 먼저 간 후 두 달이 채 안 되어 아버지도 따라갔다. 두 분은 논밭이 삶의 터전인 농촌의 평범한 가정에서 태어나 결혼 후에도 농부로 살았다. 이십오여 년 전 갑작스럽게 찾아온 아버지의 병환으로 눈물을 머금고 정든 고향을 떠나야 했다. 부산의 큰아들 곁으로 이사 온 후 노후를 보내다가 여든 후반에 생을 마감했다. 우리나라 평균 수명을 넘겼으니 편안한 마음으로 보내 드렸다. 시간은 무심한 강물처럼 흘러가도 자식은 그리움만 쌓여간다.

 올해는 두 번째 수필집을 발간할 예정이라 기쁜 마음으로 부모님을 만났다. 당신의 자랑스러운 둘째 아들은 이제야 효도한 기분이다. 부모님 곁을 떠나 도시 생활에서 늘 그리워한 것은 부모님의 따뜻한 정이었다. 당신은 교육열이 남달라 농촌에서 네 남매를 모두 대도시 부산으로 유학 보냈다. 우리 형제들이 떳떳한 사회인으로 활동하고 있음은 부모님의 사랑과 희생 덕분이다. 둘째는 아버지의 재능을 조금이나마 물려받아 인생 2막에서 문학 활동으로 부끄럽지 않게 살아가고 있으니 이 또한 감사하다.

 아버지는 살아생전에 어머니에게 감사패를 준 적이 있다. 감사패가 부모님의 유품이라 여기며 고이 간직한다. 진열장에 놓여 있는 감사패를 다시 보니 부모님을 만난 듯 반가움이 앞선다. 한편으로 세월이 흐르다 못해 훌쩍 지나 버렸다는 증거인 것 같아 가슴이 뭉클하다.

부인은 의령군 궁유면 벽계리 정동 경주 김씨 구 남매 중 셋째로 태어나 남부럽지 않게 자라 저희 가정에 시집와 맏며느리로서 가닥 다른 시모 섬기는 정성이 지극하였으며 남편에 대한 내조는 평생에 한마음 한뜻이며 자식 4남매를 두어 기를 적에 고생 사랑 또한 손자 사랑 유별하였으며 행복한 가정을 이루게 된 것은 부인의 지대한 공이라 생각하여 회갑을 맞이하여 그 정성을 이 패에 새겨 드립니다.

 을해년인 1995년 1월 8일에 아버지가 어머니에게 대리석으로 만들어 준 것이다. 감사패에는 159자가 한 문장으로 쓰여 있으면서 쉼표나 마침표가 없어 읽는 데 숨이 찰 정도이다. 문맥은 이상한 데가 있을지 모르나 마음은 고칠 수 없으니 원문 그대로다. 다만 띄어쓰기만 몇 군데 잘못된 곳이 있어 바르게 했다. 아버지는 어머니 환갑 때 무슨 마음으로 감사패를 증정하였을까. 열여덟 살에 시집와서 고생했다는 표시일까. 칠십여 년을 함께 살아온 사랑의 증표일까.
 내용 중에 '가닥 다른'의 뜻도 무엇인지 모르지만, 할머니가 아버지의 생모가 아니라는 것을 표현한 듯하다. 아버지는 이미 돌아올 수 없는 먼 곳으로 여행을 떠나 그 뜻을 정확하게는 알기는 어렵다. 어머니는 할머니와 고부갈등으로 어려움을 겪어도, 나는 어머니와 아내 사이가 좋아 늘 마음이 편했다.
 "아내란 청년에겐 연인이고 중년에겐 친구이고 노년에겐 간호사다."라는 말이 있다. 아버지는 동고동락하며 느꼈을 간호사가 먼저 세상을 떠나서 의지할 데 없는 외로움은 짐작이 간다. 아들과 며느리가 아무리 잘해 주어도 마음에 안 들었을지 모른다. 아버지에게 어머니란 어떤 존재인지 눈에 그려진다. 평생을 살면서 죽음도 거의 같이한 천생연분이다.

  165-080423, 부모님이 계시는 부산추모공원의 봉안당 호실이다. 이 세상에서 나에게 사랑으로 봉긋한 가슴을 내어준 어머니와 도시로 유학을 보낸 아버지의 마지막 보금자리다. 어머니는 평소의 소원대로 주무실 때 갔어도 곁에서 임종을 지켜보지 못한 아들은 여전히 마음이 아프다. 어머니가 정성스럽게 만든 강정과 바삭바삭한 유과를 먹지 못해도 내리사랑이 늘 함께하니 봉안당으로 향하는 발걸음이 가볍다.

초사병, 늦은 것도 나쁘지 않다

　체격으로는 학년을 구별하기가 어렵다. 초등학생이라고 생각할 수 없을 정도로 조숙해 보이는 아이들은 중학생이라 착각할 만큼 신체적으로 성숙하다. 초사병이 찾아온 고학년 학생은 상대하기조차 쉽지 않다. 감수성이 예민한 아이 앞에서 말실수라도 할까 행동이 조심스럽다. 그래도 인사성이 밝은 예쁜 초등학생임은 분명하다.

　평소 편하게 지내는 학부모에게 자녀가 요즘은 인사를 하지 않는다고 말한 적이 있다. 붙임성 있었던 아이가 데면데면하고 엄마에게도 거리를 두며 말없이 혼자 지내는 날이 많다고 한다. 초등학교 4학년 아이가 이른 사춘기를 겪게 되는 초사병이 찾아온 것이다. 흔히 가지게 되는 불만이나 가치관의 혼란과 같은 심리적 상태를 빗대어 이르는 말이기도 하다. 보통 중학생일 때 오는 사춘기가 신체적 발육이 빠른 아이들에게는 초등학교 4학년부터 찾아오기도 한다.

　4학년 담임인 조 선생님을 만나 아이들 성장에 관해 대화를 나눌 기회가 있었다. 부모가 아이의 휴대전화를 보려는데 싫어하거나 반항적으로 행동하면 초사병을 의심할 수 있다는 것이다. 여학생이 남학생보다 성장이 빨라 일찍 찾아오는 경우가 많다고 한다. 한 학급에서 대여섯 명 정도가 한꺼번에 불청객처럼 갑자기 찾아온 이 병에 선생님도 힘들기는 마찬가지다.

여자아이들은 이른 사춘기가 오면 낯을 가리며 혼자서 조용한 시간을 보낸다. 부모보다 이성 친구를 좋아하는 시기다. 아침 일찍 일어나 밥은 먹지 않아도 머리를 매만지고 가볍게 화장한 후에 등교한다. 시간이 날 때마다 거울을 자주 보면서 외모에 신경을 많이 쓴다. 좋아하는 아이돌 가수에게도 관심이 많아진다.

남학생이 부모에게 말대꾸하거나 반항적으로 대하는 시기도 이쯤이다. 공부보다 게임에 집착하거나 이성에 관심을 두기도 한다. 하굣길에 남학생이 여학생에게 집적거리며 장난치는 모습은 좋아한다는 신호이기도 하다. 여자 친구와 헤어져 우울하다는 아이에게 위로의 말을 하기도 난감한 적이 있었다. 초등학생도 이성 친구를 인정해야 하는 시대다.

초등학교 4학년이 되면 학업 난도가 높아진 까닭에 매사에 긴장도가 상당하다. 사춘기에 접어드는 시기이니 교우 관계로 인한 스트레스도 크다. 모든 게 자기 마음대로 되지 않으면 사소한 것에도 예민하게 반응하면서 신경질을 부린다. 부모보다 친구나 이성에 더 집착하더라도 서운한 마음을 가지지 말고 이해하는 게 우선이다. 일부 교사와 학부모 사이에는 중이병보다 더 조심해야 한다는 말까지 나온다.

몇 년 전 아무것도 몰랐을 때 선생님과 대화를 나누는데 K 모 학생은 남학생과는 잘 지내지 않고 여학생만 좋아한다는 말을 들었다. 요즘 아이들의 마음을 알고 싶어서 남학생이 좋아한다는 여학생에게 직접 물어봤다. "○○야, ○○가 너를 좋아한다고 하는데 정말인가." "아닙니다, 난 좋아하지 않아요." 그 남학생이 좋아하는 여학생은 세 사람이라며 다른 아이 이름까지 알려 준다. 사춘기가 오면 이성을 생각하는 건 자연스러운 현상이다. 정신적 육체적으로 덜 성숙하였을 때는 사귀더라도 나쁜 영향에 물들지 않으면 크게 문제가 되지 않는다.

반년쯤 지난 이후 다시 학부모에게 아이의 근황을 물어봤다. 3학년 때와 비교하면 다른 아이를 키우는 심정이라고 한다. 때로는 예리한 칼날 위에 서 있는 기분과 같다고 덧붙인다. 동생도 갑자기 변한 누나에게 불만이 많아 커서 그대로 복수한다고 하여 이해를 잘 시켜야 할 것 같다. 3학년 때는 부모 말에 공손하였는데 4학년이 되면서 말수가 줄어들어 힘이 드는 건 사실이다. 수시로 변하는 아이의 마음을 알아야 부모 노릇도 제대로 한다. 부모가 되기는 쉬워도, 좋은 부모가 되기는 어렵다고 하는 게 괜히 나온 말이 아니다.

시골에서 초등학교에 다닐 적에는 이성이란 개념이 없었다. 여자아이거나 남자아이거나 우리는 그저 친구일 뿐이었다. 지금도 여자 동기를 만나면 이성이라기보다 동네에서 함께 자란 소꿉놀이 친구라는 생각밖에 안 든다. 그 시절은 발육마저 늦어

초사병이 일찍 찾아오지 않은 게 다행이었다. 부모님은 농사일에 바빠 네 형제를 돌보기가 어려운 시절이었다. 이성에 관해 아무런 지식이 없을 때 찾아왔으면 제대로 대처도 하지 못했을 거다.

초등학생 시절은 세상에 대한 안목이 좁았다. 장래에 관해 생각할 만큼 사회를 알지 못했다. 시골에서는 현실에 만족하며 지냈는데, 부산이란 대도시에 진학한 이후 신세계가 기다리고 있었다. 이성을 향한 관심은 언감생심, 도시의 아이들과 경쟁으로 걱정거리도 따라왔다.

아이들을 가까이에서 보니 요즘 부모들이 현명하다고 느낀 경우가 많다. 머리가 굵어지면서 성장하는 과정의 아이에게 동굴 속으로 왜 들어갔냐고 나무라며 꺼내려 하면 역부족이다. 억지로 빼내려고 하면 점점 더 동굴 속 자기만의 세계로 들어간다. 부모는 언제까지나 동굴 밖에서 빛을 들고 사랑과 관심을 가지고 기다려야 한다. 아이는 시간이 지나면 그 빛을 따라 동굴 밖으로 나온다. 치유도 특별한 방법이 있는 게 아니다. 멀리서 지켜보는 것 또한 사랑이다.

오늘도 아이는 여전히 인사가 없다. 시간이 지나면 잘할 거라는 믿음을 버리지 않는다. 초등학생일 때 이성에 일찍 눈을 뜨기 시작해도 크면서 다 겪는 것이니 이상한 것이 없다. 인사성이 바른 아이라 언제까지나 기다리고 싶다. 아이는 강력한 백신을 맞고 어려움을 이겨 내는 중이라, 중학교에 가면 중이병은 쉽게 지나갈 것이라 믿는다. 강산이 일곱 번이나 변할 만큼 빠른 시대에 살면서, 아이의 마음을 잘 알려면 공부가 더 필요함을 느낀다. 초사병을 모를 때 친구들과 들판에서 뛰어놀며 보낸 어린 시절의 추억이 떠오른다. 순진한 시골 아이가 자라서 어른이 되어도 때로는 늦은 것도 나쁘지 않았다며 혼잣말한다.

둥지

 현수막이 바람에 나부낀다. 대천 어린이공원 한쪽에 있는 "비둘기에게 먹이를 주지 마세요."라는 글귀에 시선이 간다. 오늘도 누군가 먹이를 뿌려 놓아 비둘기가 쪼아 먹느라 정신이 없다. 어림잡아 사오십 마리가 된다. 사람이 주는 먹이를 먹다가 야생의 본능마저 잊어버릴까도 심히 걱정이다.
 야생 비둘기는 식물의 씨나 곡물이 주식인데 요즘은 과자 부스러기, 음식물을 먹고도 잘 산다. 도심 지역에 서식하면서 쉽게 먹이를 많이 먹는 바람에 지나치게 살이 쪄서 잘 날지 못하는 비둘기도 있다. 살찐 비둘기를 잘 날지 못하는 닭에 비유하여 '닭둘기'라는 말까지 나왔다. 세균이나 해충 따위를 전염시키는 비둘기를 쥐에 비유하여 '쥐둘기'라고 부르기도 한다. 사람들이 비둘기 습성을 변하게 했으니, 비둘기를 나무랄 일이 아니다. 책임은 우리에게 있다.
 큰아이가 네 살 때다. 여주인이 이십 대 딸을 데리고 둘이 사는 집에서 전세살이 설움을 톡톡하게 받다가 그해 어렵게 집을 장만했다. 잔금이 부족하여 1년간 세를 주다가 이듬해 이사를 했다. 고지대로 올라가는 길가의 연립주택이었지만 차량 소음이 적어 살기에는 불편함이 없었다. 열여섯 평에 방이 세 칸이라 대궐이나 마찬가지였다. 책꽂이도 놓을 수 있는 내 방이 생겼다는 게 무엇보다 기뻤다.

한 평 남짓한 베란다이지만 화분도 서너 개 둘 수 있는 공간이 있었다. 빈 화분이 포개져 있는 게 서민의 어려운 살림살이를 나타내는 듯했다. 하루는 큰딸이 비둘기가 알을 낳았다며 정답게 부른다. 일주일 전부터 '구구 구구구' 하는 소리를 들었지만 예사로 여기며 귀한 손님이 잠시 내 집에 들렀다가 날아간다고 생각했다. 버젓이 빈 화분 안에 알을 낳아서 둥지를 틀 줄은 미처 몰랐다. 컴퓨터도 없을 때라 비둘기의 습성에 관해 쉽게 알지를 못해 다음 날 바로 서점에 가서 조류에 관한 책을 샀다.

빈 화분에 담긴 흙 위에 지푸라기로 급하게 만든 어설픈 둥지에 비둘기알 한 개가 덩그렇게 놓여 있다. 어미는 어디로 날아갔는지 보이지 않는다. 집주인의 떠들썩한 소리에 잠시 자리를 비웠을까. 보통 알을 두 개 정도 낳는다고 하는데 하나뿐이다. 비둘기는 먼 곳으로 가도 귀소 본능이 뛰어나고 모성애도 강하다고 하니 다시 찾아오겠거니 내심 기다리는 마음이었다.

이튿날 퇴근 후에 베란다를 보니 어미가 알을 품고 있다. 거실 문을 열어도 날아갈 생각을 하지 않는다. 주인이 쳐다보면 겁이 나서도 날아가야 하는데 아무런 반응이 없다. 옆에 가까이 가려고 하니 그때야 날아간다. 알이 한 개가 아니고 두 개였다.

한 개를 더 낳고서야 포란하기 시작했다. 자연 상태의 비둘기는 일 년에 1~2회, 도심의 비둘기는 영양에 따라 7~8회까지 번식한다.

그때부터 베란다는 비둘기 집이 되었다. 집주인이라도 간섭하고 싶지 않았다. 셋방살이 시절에 겪은 고통이 떠올라 비둘기의 심정을 누구보다 잘 알 수 있었다. 동병상련이 따로 있는 게 아니었다. 베란다를 무료로 빌려주니 착한 임대인이 되었다. 일부일처제인 비둘기 암컷과 수컷이 교대로 알을 품는 걸 보기만 해도 흐뭇하다.

매일 출퇴근할 때마다 거실 문을 열어 비둘기를 보는 일이 일과처럼 되었다. 그 당시에 온 나라는 서울 올림픽으로 축제 분위기였다. 우리 가족은 올림픽보다 새 생명의 탄생을 기다리는 마음으로 들떠 있었다. 출근할 때마다 아내와 아이에게 잘 보살피라고 당부한다. 둥지 옆에는 물과 좁쌀 같은 부드러운 먹이를 놓아둔다. 비둘기도 귀여운 새끼를 보려면 잘 먹어야 한다. 귀한 손님을 초대하지는 않았지만 마치 지난 시절 내 처지 같아 편하게 살다가 가기를 바라는 마음에 오지랖 넓은 챙김을 쏟았다.

하루하루 비둘기를 보는 재미가 낙이 되었다. 길조라 생각하면서 가족처럼 대하니 예쁘게만 보인다. 비둘기가 처음부터 우리 집에 온 게 아니었다. 아내의 이야기로는 일주일 정도 옆집 베란다에 둥지를 틀려고 찾아왔는데, 주인이 배설물 냄새가 심하다고 쫓아 버렸다고 한다. 인정 없는 옆집에서 푸대접까지 받고 급하게 찾아왔으니 더 알뜰살뜰 보살펴 주고 싶었다.

부부 비둘기가 포란 후 이십여 일이 지나자 앙증맞은 새끼가 두 마리 보인다. 몸에는 깃털 하나 없이 맨 벌거숭이다. 곧 죽는 게 아닌지 신경이 쓰였다. 암놈과 수놈이 교대로 열심히 품는다. 가을이라 날씨는 걱정되지 않아도 창문 없는 베란다가 새끼를 키우기에 그리 좋은 환경이 아니다. 비바람을 그대로 맞아도 하루가 다르게 털도 자라고 비둘기답게 우는 소리도 들려 생명의 신비를 새삼 느낀다. 새 생명이 태어난 후에 한 달이 넘어가자, 어느 날 주인에게 인사도 없이 훌쩍 날아가 버리고 둥지 튼 빈 화분만 덩그러니 남았다. 한솥밥 먹던 식구를 떠나보낸 듯 서운하지만 넓고 좋은 집으로 찾아갔다고 생각했다.

베란다에서 전세살이한 비둘기가 떠오르면 생각나는 이야기가 여럿 딸려 나온다. 2000년 11월까지 대한민국 철도계의 최하위 등급으로 운행한 완행열차인 '비둘기호'가 있다. 김광섭 시인의 「성북동 비둘기」라는 시도 있다. 더 친밀한 것은 「비둘기집」이란 대중가요다. 고종의 황손인 이석 씨의 노래로 한때 인기를 끌기도 했다. 이래저래 비둘기는 우리와 친숙한 새이다.

사람도 비둘기처럼 둥지가 있어야 편하게 살 수 있다. 둥지가 없을 때는 남의 집에 얹혀살아야 하니 주인을 잘 만나야 한다. 셋방살이 설움을 안 겪어 본 사람은 모른다. 어른이야 당연하다고 생각할 수 있지만, 아이들은 마음대로 뛰어놀 수조차 없는 까칠한 주인을 만나기라도 하면 고통은 말할 수 없을 만큼 크다. 대부분 사람이 결혼 후에 내 집 마련이 첫 목표인 것도 셋방살이 설움을 받지 않으려는 이유다.

비둘기를 진정으로 사랑한다면 먹이를 주는 게 아니라 자연에서 스스로 살아갈 수 있도록 배려해 주는 마음이 우선이다. 한때는 '평화의 상징'으로 불렸지만, 지금은 유해 조류로 분류되고 있다. 사람들이 전서구로 이용할 때는 애지중지하더니 시대가 변하여 쓸모없는 해조라고 싫어하니 마음이 간사하기 이를 데가 없다. 길조나 해조에 상관없이 내가 좋아하는 새는 단연 비둘기다. 주인과 비둘기가 한집에 산 그 시절을 생각하면 한 가족으로 따뜻한 정을 느낀 그때가 그립다.

커피 단상

나는 커피 체질이 아니다. 술을 못 마시듯 커피도 좋아하는 음료가 아니다. 오히려 전통차를 즐겨 마시는 편이다. 전국에 커피 전문점이 십만 개가 넘어 치킨집보다 많다. 커피를 마시는 사람이 늘어나고 전문점이 계속 생겨나는 것도 신기하기만 하다. 이전에는 약속 장소가 다방이었는데 지금은 커피 전문점이다.

동기들 모임에 가면 커피를 물처럼 마시는 사람이 더러 있다. 커피 애호가는 식후에 물보다 좋다며 꼭 챙겨 마신다. 카페에서 고품질 커피를 두 잔 주문하면 한 끼 식사비와 맞먹으니 나는 모임에서나 따라갈까, 스스로 가는 일은 없다. 소비량이 많아 커피 공화국이라 불리는 한국에서 나는 마시지 않는 소수자에 속한다.

기호식품인 커피와 인연은 없어도 커피에 대한 잡다한 지식은 갖고 있다. 커피 이름도 십여 개가 넘는다. 아메리카노, 카푸치노, 에스프레소와 같이 잘 알려진 이름은 안다. 이름은 알지만 한 번도 마신 적이 없어 맛은 구별하지 못한다. 애호가일지라도 종류가 많아 자기가 좋아하는 게 아니면 맛을 다 알기도 쉽지 않다. 커피를 좋아하는 지인 중에 바리스타 자격증을 취득해도 취업은 하기가 싫다고 한다. 직업으로 하는 것과 손님으로 마시는 게 여러모로 차이가 있지 않나 싶다.

　삼십여 년 전, 다른 지역에서 근무하다가 첫 발령지로 다시 전입한 날이다. 여직원이 반갑다며 타 주는 커피를 한 잔 마셨다. 평소에 커피를 좋아하지 않아도 삼 년 만에 다시 만났으니 거절할 수 없었다. 낮에 마실 때는 아무렇지 않았는데 저녁에 잠을 잘 수 없어 고통스러운 시간을 보냈다. 인사로 주는 커피를 뒤도 생각하지 않고 덥석 마셨으니 카페인 성분을 몸으로 느꼈다. 커피는 인정사정없이 불면의 밤만 안겨 주었다.

　우리나라는 전통차 인구보다 커피 애호가가 더 많다. 성인 1인당 연간 마시는 커피가 353잔이라는 통계도 있다. 하루에 평균 0.9잔이라 세계 성인 1인당 132잔과 비교하면 2.7배나 높다. 커피 업종의 브랜드 수도 2022년 기준 886개가 되어 맛이 궁금하기도 하다. 수입 원두로 만든 커피 대신 전통차를 마시는 사람이 많았으면 좋을 텐데 차 사랑이 커피로 넘어간 듯하다.

　길거리에서 커피를 들고 가는 사람을 보면 오지랖 넓은 걱정이 앞선다. 느긋하게 음료의 맛을 느끼며 카페나 사무실에서 마시면 되는데 길에서 빨대로 빨아 대며 거리를 걷는 게 아슬아슬하다. 기호식품이란 모름지기 고유의 맛과 향을 음미하며 마셔야지 신경을 딴 데 쏟거나 숭늉처럼 후루룩 넘기면 보통의 음식과 다를 게 무엇인가. 커피에 카페인이 있어 하루에 한두 잔 정도는 괜찮아도 과하면 생활습관병 또한 염려스럽다. 외국에서 커피 원료를 수입하여 국가 재정이 줄어들까 걱정스러운 것도 나만의 기우일까.

하루는 누군가가 출근길이 바빴는지 플라스틱 커피 컵을 느티나무 위에 올려놓은 풍경을 보았다. 나무에 커피를 주려면 새것을 줘야지 마시다가 남은 걸 주면 고마워할는지, 당하는 나무도 보는 나도 기분이 좋을 리 없다. 예의가 없는 사람이 누구인지 얼굴이라도 한번 봤으면 싶었다. 나무와 말이 통하지 않아 물어볼 수 없어도 분명히 싫어할 거다. 휴지통이 된 나무를 보며 얼치기 커피 애호가의 얼뜬 행동이라 꾸짖고 싶었다.

출퇴근하면서 인도에 버려져 있는 일회용 커피 컵을 자주 본다. 공터와 구석진 곳에는 더 많은 컵이 흩날린다. 맛있게 마실 때는 소중히 붙들던 컵을 왜 아무 데나 버리지 못해 안달하는지. 공중화장실에 "아름다운 사람은 떠난 자리도 아름답습니다."라는 표어가 있듯이 마무리를 잘하는 사람의 품격은 말해 무엇하랴. 자기가 맛있게 마신 커피라면 쓰레기도 깨끗하게 처리하는 사람이 진정한 커피 애호가다.

커피는 체질상 못 먹어도 커피 찌꺼기는 필요하다. 찌꺼기에 깻묵이나 쌀겨, 이엠(EM) 등을 섞어 친환경 퇴비를 만들어 텃밭에 유용하게 사용한다. 커피박은 산업용 폐기물이라 일반 쓰레기로 버려야 하지만 유기물인 섬유소, 리그닌, 폴리페놀 등이 포함돼 있어 영양가가 풍부하다. 텃밭의 식물은 주인을 잘 만나

고마워하면서 보답으로 수확물을 많이 주리라. 커피점에 가면 배려심이 깊은 직원이 봉투에 담아 가게 문밖에 내놓은 찌꺼기를 무료로 얻기도 한다.

　나도 남들처럼 커피를 마셔도 몸에 이상이 없으면 좋을 텐데 내 생각과 달리 몸이 먼저 알아채고 반응을 보이니 딱한 노릇이다. 카페인이 몸에 들어가면 밤은 없다고 생각하는 게 속 편하다. 수면의 질이 떨어져 밤새도록 몸을 뒤척이다가 아침을 맞는다. 카페인이 들어있는 차도 마실 수 없어 예민한 몸이 불만스러울 때가 많다. 디카페인 커피는 카페인이 극소량이라 마셔도 괜찮다고 하지만 겁부터 난다. 커피라는 이름만 들어도 도전하려는 마음이 사라진다.

　커피를 마신다고 몸에 나쁜 게 아니고 마시지 않는다고 좋은 건 더더욱 아니다. 커피도 술처럼 기호식품이라 한두 잔은 건강에 해롭지 않으니 언젠가 마신다면 향이 좋고 순한 헤이즐넛 커피가 구미에 맞을 것 같다. 바다가 보이는 전망 좋은 카페에 앉아 헤이즐넛의 향긋한 향을 음미하며 수필을 한 편 구상하고 싶다. 바다와 카페와 글의 분위기에 흠뻑 취하는 상상을 하지만 지금은 생각뿐이다.

　커피 맛을 한마디로 어떻게 표현할까, 커피가 커피 맛일 것이다. 커피 이론가는 스스로 우문현답을 내놓는다. 커피 맛을 몰라서 참으로 답답한 사람이지만 체질이 그러하니 감내할 수밖에. 늦게라도 커피와 인연을 맺고 싶으나 서로 마음이 통하지 않는다. 커피값은 절약할 수 있어 좋기는 하지만 커피 문화를 누리지 못하니 시대에 뒤처진 느낌마저 든다. 신중년에 숙면으로 건강을 지킨 게 다행이라 여기며 커피 대신 전통차를 찾는다. 둥굴레차 맛이 일품이다.

제5부

에덴 엘레지

보금자리
에덴 엘레지
숲속에 폭포가 있다
보름달이 얼마나 밝던지
호박 예찬
따뜻한 사람
동심정에서
천천히 가야 할 곳
여행의 끝은 집이다

보금자리

정년 퇴임 후 양산에 둥지를 틀었다. 문현동에서 처음 내 집을 마련한 후 도시철도 2호선을 따라 주례동과 화명동에도 이십여 년 넘게 거주했다. 평생직장을 떠나 이곳에서 정착할 계획은 없었지만, 아내가 텃밭을 가꾸면서 새집에 살기를 원했다. 화명동은 화명생태공원이 옆에 있어 운동하기에 좋았는데 떠날 때는 아쉬움이 많았다.

현재 사는 물금신도시의 D 아파트는 증산甑山 들머리에 있다. 증산은 금 거북이가 누워 있는 형상을 따서 거북산으로 불린다. 시루를 엎어 놓은 모양을 닮았다고 하여 시루산이라 부르기도 한다. 아파트 단지 앞은 거북이 머리에 해당하여 구두龜頭공원이다. 장수와 재물의 상징인 거북이가 아파트 앞에 누워 있어 매일 부자의 기를 받으며 살아간다. "작은 부자는 근면함에서 나오고 큰 부자는 하늘이 낸다."라는 말은 나를 두고 하는 것처럼 들린다. 명당에 살고 있어 작은 부자가 될 가능성은 있다고 위안 삼는다.

사십여 년 전 이월, 늦겨울 추위가 매서워 마음마저 얼어붙게 했다. 아내와 나는 시골의 평범한 가정에서 태어나 특별히 물려받은 재산 없이 빈손으로 부부의 연을 맺었다. 결혼 후 자녀에게는 가난을 물려주지 말자고 약속했다. 빌 게이츠가 "태어날 때 가난한 것은 당신 잘못이 아니지만, 죽을 때 가난한 것은 당신 잘못이다."라고 한 말을 가슴에 새겼다. 경제적으로 쪼들릴 때마다 가정의 행복은 물질이 아니라 사랑이라며 서로를 다독거렸다.

 주인이 세를 주기 위해 지은 산비탈 아래 주택에는 일곱 가구가 실있다. 주인집만 방이 두 칸이고 나머지는 모두 한 칸이다. 부엌에는 연탄아궁이 옆에 찬장만 한 짝 덩그러니 놓여 있었다. 화장실도 세입자가 사용할 수 있는 건 두 개뿐이라 불편함을 감수해야 했다. 앞쪽은 남향이라 햇빛이 들어와 생활하는 데에 큰 지장이 없어도 뒤쪽은 해가 들지 않아 형편이 말이 아니었다.

 그때의 가난은 살아가는 삶의 고비마다 징검돌이 되었고 고희 문턱에 다다르기까지 단단한 디딤돌이 되어 주었다. 젊을 때 하루라도 빨리 전세살이 설움을 벗어나야겠다고 앙가슴 붙들며 이 악물고 살았다. 녹록하지 않은 삶일지라도 용기와 희망의 끈을 버리지 않았다. 삶이 힘들어도 아내가 옆에 있어 어떤 어려움도 이겨 낼 수 있었다. 우리 부부의 다른 이름은 희망이고, 사랑이다.

 온종일 햇볕도 제대로 들어오지 않는 방에서 신혼 생활은 마음마저 어둡게 했다. 아내는 야산 밑에 있는 전세방이라 밤만 되면 짐승 울음소리 때문에 편하게 잘 수 없었다. 당직을 서는 날은 아내의 무서움이 더해져 전세 기간을 다 채우지 못했다. 가난이 인생마저 불행하게 만들 수 없어 직장 가까운 곳으로 이사를 했다. 부모님이 주는 백만 원과 아내가 혼수 대신에 준비한 백만 원을 합친 전세금이 전 재산이라 부족한 돈은 대출로 해결했다. 가난이 이십 대 팔팔한 신혼부부에게 인생의 방향키를 돌려준 것이다.

집 없는 서러움은 누구나 겪는 일이지만, 아내는 어린아이가 자주 운다는 주인아주머니의 간섭에 스트레스가 심했다. 그 시절 용기를 잃고 희망이 없는 삶을 살았으면 오늘도 곤궁을 면치 못했을 거다. 집주인에게 당한 고통이 너무 커 임대인이 된 후에는 임차인에 관한 배려는 잊지 않는다. 서로가 똑같은 인격체를 가진 사람 아닌가. 차이가 있다면 집의 소유에 따라 조금 더 넉넉하고 조금 더 쪼들리는 것뿐이다. 나에겐 올챙이 적 생각은 못 하고 개구리 된 생각만 한다는 말은 어울리지 않는다. 늘 올챙이 적 생각을 하며 나를 다잡는다.

아내는 신혼 시절 당리동에서의 셋방살이 설움을 잊지 못해 집에 관해 애착이 많다. 그래서인지 아들이 결혼하면 아파트를 마련해 주겠다는 생각은 진작부터 가지고 있다. 자식보다는 남의 집에서 애지중지 키워 시집보낸 같은 여자인 며느리를 편안하게 해 주기 위해서라고 한다. 며느리 사랑은 시아버지인데 우리 집은 시어머니가 될 듯하다. 고부갈등은 없을 거라는 즐거운 상상에 벌써 김칫국부터 마신다.

어느덧 도시의 아파트에 온 가족이 모일 수 있는 보금자리를 마련한 지 수십 년이 지났다. 요즘은 아파트가 주거 공간의 목적보다 부의 척도가 된 느낌이다. 부자는 나와 인연이 없을지라도 더 나아지려는 노력은 한다. 몇 년 전 아파트 가격이 폭등할 때 전직 대학교수의 말이 가슴에 와닿는다. 다주택과 관련하여 청와대 비서실 참모들의 사표 제출을 두고 모두 비난했다. "공직은 짧고 집값은 길다." 집이란 가족과 오순도순 살아가는 곳이어야 하는데 재산 증식의 수단으로 전락하여 서민들의 수심이 깊어진 지 오래다.

새들도 밤이 되면 둥지를 찾아가곤 하는데, 인간도 마음 편하게 보낼 집이 있어야 한다. 부산역에서 한뎃잠 자는 노숙자를 보면 예사로 보이지 않는다. 그들도 한때는 사랑하는 가족과 한집에서 살며 행복했을 때가 있었을 거다. 가난은 나라도 구제하지 못한다고 하지만 답을 찾지 못한 주택 정책에 가슴이 아린다. 집이 행복의 전부는 아닐지라도 절반의 몫은 한다는 걸 몸소 체험한 까닭이다.

젊어서 가난을 뼈저리게 겪은 아픈 추억이 있기에 앞만 보고 달렸고 노후에는 아내와 그때의 어려움을 회상하며 웃을 수 있다. 기억하기 싫은 고통도 세월이 흐르니 그리움으로 변했다. 변한 게 한두 개가 아니어도 노년에 행복한 삶을 누리는 건 젊은 시절의 고생이 만들어 준 선물이다. 영혼이 맑았던 신혼이라도 가난한 셋방살이 시절로 돌아가고 싶진 않다. 추억을 만들었던 내가 어느새 나누는 사람이 되었다는 생각에 세월을 붙잡고 싶다.

아파트 거실 문을 열면 수목의 향기가 바람을 타고 들어온다. 숲세권뿐만 아니라 역세권, 공세권도 품고 있다. 젊은 엄마들에게는 초등학교가 옆에 있어 인기가 많다. 고급 아파트나 서민 아파트나 마음 편하게 살 수 있는 집이 제일인데 이 모든 게 덤이다. 산이 가까이 있어 전원주택이라 생각하고 산다. 누추한 보금자리일망정 더위와 추위를 피해 몸을 누이니 행복이 몰려온다.

에덴 엘레지

청년은 손가방에서 책을 꺼낸다. 두꺼운 소설책 중간 쪽 정도에서 은색 책갈피를 빼내 손에 쥐고는 독서에 열중한다. 도시철도 1호선 열차 안에서 오랜만에 본 풍경이다. 젊은이는 어디서 내리는지 책에서 눈을 떼지 않는다. 삼십여 분이 지났는데 안내 방송은 잘 듣고 있는지 슬그머니 걱정된다. 차림새가 대학생으로 보여 아마 하단역에서 내릴 것 같은데, 과연 한 코스 전인 당리역에서 가방을 정리한다.

그와 나는 하단역에 내린다. 내 청춘의 원천原川이자 글의 시원始原이기도 한 에덴공원을 찾아 나선 길이다. 글 밭이 성글거나 잡초가 무성해질 때 자주 찾는 곳이다. 청춘의 남자에게 한동안 눈을 떼지 못한 까닭은 그에게 예전의 내 모습이 투영되었다. 그는 또 다른 나이기 때문이다.

이십 대 후반부터 버스를 타면 독서로 시간을 보냈는데 사십여 년이 훌쩍 지난 지금은 도시철도 열차 안에서 책을 벗 삼는다. 그때는 안경이, 지금은 돋보기를 착용하고 독서하는 게 차이다. 대부분 승객이 손안의 휴대전화를 보며 가는데 책을 손에

든 이는 나뿐이다. 나는 휴대전화보다 책이나 신문을 읽는 게 마음이 편하다. 집에서 한 시간 넘게 가는 거리라 시간을 허투루 보내기가 아깝다.

고등학교 시절부터 문학을 이해하지 못해도 무작정 좋아했다. 전깃불도 들어오지 않는 산골 출신이 부산에 오니 모든 게 낯설었다. 허허벌판에 혼자 떨어진 느낌에 주말만 되면 친구도 구경 갈 곳도 없어 외로움은 밀물이 되었다. 간간이 글을 쓰며 외로움을 달랬지만 오랜 친구가 되어 준 건 독서였다. 순진한 시골 아이가 대도시에서 느끼는 쓸쓸함을 책이 달래 주었다. 문학을 하려면 어느 정도 외로워야 한다는 것을 그때부터 어렴풋이 알았다.

문학을 좋아하는 친구들과 '에덴 청맥회'를 만들었다. 이름도 그 시절 부산 청년 문화 일번지로 불렸던 에덴공원을 따서 지었다. 문학이 뭔지 잘은 몰라도 얕은 지식으로 우쭐할 때다. 돌이켜 보면 문학청년 시절보다 더 좋은 날이 없었다. 모든 게 희망에 차 있어 무엇이든 하고자 하는 의욕이 넘쳤다. 에덴공원의 청마 시비詩碑 근처에 둘러앉아 문학에 관한 열띤 토론을 하면서 보낸 시간이 학창 시절의 황금기였다.

세월이 흐르면서 그 열정은 어디로 갔는지 졸업 후 우리는 뿔뿔이 흩어졌다. 직장 생활에 쫓겨 어영부영 소식도 모르고 지낸 지 오십여 년이 지났다. 초로의 나이에 접어들어도 혈기 왕성했던 청년 시절의 모습만 아련하다. 사회생활을 하면서 어려움이 닥쳐도 그때의 향수를 떠올리며 용기는 잃지 않고 굳건하게 버틸 수 있었다. 그 시절 친구들의 소식을 알 수 있을까 싶어 문예지나 신문을 유심히 본다. 부산에서 문단 활동을 하면 만날 수 있을 텐데 감감무소식이다. 윤○○, 노○○은 아직껏 생생하게 기억나는 이름이다.

삼 년 전이다. 인생 2막을 시작한 직장에서 사무실 직원이 박○○의 전화가 왔다고 전화번호를 알려 준다. 이름을 듣자마자 문학회에서 같이 활동한 친구라는 걸 단번에 알았다. 『부산일보』 독자란에 실린 글을 보고 전화한 것이다. 그간 다른 길을 가다가 직장에서 퇴직한 후 학창 시절의 추억이 되살아났다고 한다. 나처럼 아직도 그때를 기억하는 친구가 있어 고마웠다.

내 청춘의 한 페이지를 선명하게 그렸던 소중한 추억이라 가슴에 묻어 두고 있기에는 아까운 인연이었다. 그도 깊은 정이 든 모임이라 반갑다며 한번 만나자고 했다. 문학청년이었던 십여 명 중에 세월이 흘러도 글을 가까이한 친구였기에 더욱 보고 싶었다. 그 후 몇 번의 만남을 이어 갔지만, 다른 친구들의 소식은 듣지 못했다. 모두 살아가는 게 바빠서 옛 시절의 추억을 잊었을까. 문학을 향한 열정은 식을 줄 모르고 나이가 들수록 짙어만 간다. 머리에 무서리가 내려도 그때의 열정만은 잊지 않았으리라.

에덴공원에 들어서니 그날로 성큼 돌아간 듯하다. 에덴유원지로 이름이 바뀌어도 나에겐 영원한 에덴공원이다. 고등학교 시절 처음 찾았을 때 모습과는 많이 달라졌다. 키 작은 소나무와 참나무는 아름드리 큰 나무가 되어 공원을 지키고 있다. 좁다란 길 따라 핀 꽃들도 그때 핀 꽃은 아니나 나를 아는 듯 반긴다. 에덴공원은 이름 그대로 내 문학의 낙원이다. 가까운 벤치를 찾아 앉으니, 문학의 품에 안기는 듯 마음이 푸근해지나 소식 끊긴 옛 친구들의 얼굴이 떠올라 가슴이 아려 온다.

나무만 그 자리에 있는 게 아니라 청마 유치환 시비도 변함없이 반가운 얼굴로 반겨 준다. 나는 선생의 문학성은 따라갈 수 없어도 열정은 충만했다. 시나 수필이나 글 쓰는 작가의 마음은 똑같다. 친구들과 만나 문학 이야기를 나눈 「깃발」의 시비 앞에 섰다.

이것은 소리 없는 아우성
저 푸른 해원海原을 향向하여 흔드는
영원永遠한 노스탈자의 손수건
(하략)

시비에 낙엽이 쌓여 있다. 먼저 참배한 사람이 청소라도 하고 갔으면 좋았을 텐데, 아무도 찾는 이 없는지. 시비 뒷면을 보니 빗자루가 있다. 그 옛날 원고지에 글을 쓰던 마음으로 정성스럽게 낙엽을 치운다. 시비만 깨끗한 게 아니라 내 마음도 깨끗하다. 낙엽에 덮여 있던 백 원짜리 동전 세 개가 녹이 슨 얼굴을 내민다. 누군가 선생에 대한 예를 갖추느라 빈 호주머니를 탈탈 털어 올려놓고 갔나 보다. 그도 나처럼 힘들었을 가장의 무게도 내려놓고 잠시 추억을 따라 이곳에 왔으리라.

　그때를 회상하며 에덴공원 구석구석을 천천히 거닐면서 둘러본다. 세월은 젊음을 가져갔어도 추억까지는 빼앗아 갈 수 없다. 체육시설과 게이트볼장, 산책로는 동네 주민들의 건강을 위해 배려해 놓은 모습이 곳곳에 보인다. 오태균음악비와 부산시민헌장비도 있다. 친구들과 에덴공원을 찾았을 때는 자연 그대로의 모습이었다면, 지금은 자연과 주민이 함께 어울리는 공간이다. 자연과 사람은 하나다. 에덴공원은 본래 젊은이들의 만남 장소였으나, 현재는 열린 시대에 맞게 누구나 찾아와 즐길 수 있는 곳으로 변모했다.

　이색적인 풍경에 눈길이 머문다. 산책로 쉼터에 2020년 9월 태풍 마이삭에 쓰러진 나무로 '개잎갈나무의 재탄생'이란 원형 의자를 만들어 놓았다. 뿌리를 그대로 사용한 의자는 두 개이고 원줄기를 잘라서 만든 둥근 의자도 다섯 개나 된다. "여러분의 의자로 다시 태어났습니다. 편안히 쉬었다 가십시오." 개잎갈나무가 새 삶을 살고 있다는 안내문이다.

　혼자 앉아 있으니, 뭔가 잃어버린 것처럼 허전하다. 그 시절 친구들과 다 같이 의자에 앉아 문학 이야기를 나누는 상상을 한다. 영주, 계춘, 민규와 나는 모두 한자리에 앉는다. 보고 싶은 얼굴이다. 제 몸 헌신하여 아낌없이 주는 개잎갈나무와 한 몸

되어 에덴의 풍경에 한동안 젖어 있다. 옛 추억을 따라 전신을 타고 문학이 흐른다.

덱 전망대에서 저무는 해를 바라본다. 서산마루에 걸린 햇무리에 가슴이 뭉클하다. 하루의 임무를 마치고 내일을 기약하며 넘어가는 뒷모습에 코끝이 시리다. 이른 새벽을 열고 종일 세상을 비추다 저물 때까지 붉은빛으로 하늘을 물들이는 해의 진언을 듣는다. 나도 저만큼이나 오래된 마음으로 예까지 왔음이다. 지는 해가 전하는 가르침을 가슴에 새긴다.

내일이면 또 지나간 시간과 문학의 열정만 남겠지. 십 대에 본 노을은 내일을 기다리는 환한 빛의 희망이었으나, 지금은 힘을 내라 토닥이는 응원의 빛이다. 자리에서 일어나 공원을 벗어나니 어쩐지 슬프고도 애잔하다. 가슴에 울리는 에덴 엘레지를 들으며 집으로 향하는 발걸음이 무겁지만은 않다. 에덴공원은 여전히 내 청춘의 원천이자 글의 시원이다.

숲속에 폭포가 있다

 몸이 무겁다. 집에 누워 있으면 주중에 지친 심신을 풀기에 산이 좋다는 소리가 환청처럼 들려온다. 주말에는 어디서라도 피톤치드를 마셔야 다가오는 일주일을 생생하게 보낼 수 있다. 산에 갔다 오면 한 주가 언제 지나갔는지 모를 만큼 빨리 간다. 부지런함이 건강을 지켜 주는 길이지만 나도 모르게 게으름이 찾아올 때는 지인들에게 동행을 청한다.
 폭포를 찾아가는 길에 숲이 먼저 반갑다고 인사한다. 숲에서 시간을 보내는 것은 건강을 관리한다는 말이다. 보약 한 첩보다 좋은 영양제가 숲길 걷기다. 나무는 숲속에서 사람 몸에 좋은 음이온을 뿌려 댄다. 숲에 들면 정신이 맑아지는 건 나무가 있기 때문이다. 피톤치드 발생량이 많은 편백나무, 잣나무, 소나무가 울창한 숲이면 더 좋다. 피톤치드는 항균성 물질로 해충에게는 해롭고, 사람에게는 이롭다. 몸은 고되더라도 건강에 좋은 물질을 찾아가는 일에 앞다투는 이유가 여기에 있다.
 직장에서 물러난 후 어느덧 십여 년이 되어 가니 몸이 의사를 만나라는 신호를 보낸다. 술이나 담배는 체질에 맞지 않아 멀리하고 걷기를 생활화하면서 건강은 자신했다. 하지만 슬그머니 찾아온 세월 앞에 듣도 보도 못한 건강의 적신호가 몸의 여기저기서 기승을 부리는 통에 여간 신경이 쓰이는 게 아니다.

　젊은 시절처럼 산길을 네댓 시간 걷기는 몸에 무리가 올 수 있어 가벼운 마음으로 갔다 올 수 있는 폭포를 찾는다. 팔월의 마지막 일요일도 에어컨 바람보다는 물소리를 듣고 싶어 길을 나선다. 양산 시내에서 한 시간 정도면 도착할 수 있는 원동에 불음폭포가 있다. 폭포의 물줄기가 불경 소리처럼 들린다고 하여 불음이라 이름을 지었다고 한다. 수암사 계곡에는 늦더위를 피하려는 가족이 군데군데 눈에 띈다. 도시에서 가까운 계곡이어도 덜 알려져서 맑은 물에 몸을 담그고 싶어도 상수원보호구역이다.

　물은 자연의 법칙에 따라 위에서 아래로 흐른다. 강물도 계곡물도 폭포수도 예외가 없다. 자연의 순리를 따르지 않고 거역한 게 분수대다. 물줄기는 거꾸로 흐르기 싫다고 소리 없는 아우성을 친다. 분수대는 음악이 흘러나오면서 무지개 색깔도 보여 주고 있어 옆에만 가도 시원하다. 인간이 자연이고, 자연은 인간이 된다.

　폭포 옆에 조그마한 절이 눈에 들어온다. 불교 신자는 아닐지라도 위치 좋은 곳에 자리 잡아 중생을 구제하리라는 믿음은 선다. 절은 크기와 상관없이 작아도 불자들이 믿음을 가지고 자주 찾으면 좋다. 작은 절을 지키는 스님은 바깥나들이를 갔는지 보이지 않는다. 삼십여 분 동안 임시 주인 노릇을 한다.

불볕더위에는 물가에 있어도 덥다. 오전에는 불음폭포에서 시원한 물줄기를 감상했으면, 오후는 다른 곳의 폭포에서 더위를 식혀야 했다. 수암사 계곡을 떠나 한자리에 있는 세 개 폭포까지 탐방에 나섰다. 늦더위가 앞을 가로막아도 발걸음은 가볍다. 밀양 표충사 뒤 금강동천의 금강폭포, 일광폭포, 은류폭포의 물소리가 들려오는 듯 초입부터 시원하다. 폭포를 만나기 위해서는 절에서 왼쪽 산길을 1.8㎞ 걸어 올라가야 한다. 포장도로가 끝나고도 0.7㎞는 더 가야 폭포수의 장관을 구경할 수 있다.

폭포는 그냥 보여 주지 않고 발품을 팔아야 허락한다. 산길은 어디를 걸어도 숨이 가쁘다. 숨이 가쁜 만큼 건강한 몸을 만들어 준다. 뭐든지 노력 없이 쉽게 얻는 건 없다. 건강도 내가 움직여야 얻을 수 있다. 운동도 과하지 않고 제 몸에 맞게 하면 탈 없듯이 내가 좋아서 오른 산에서는 피로를 느끼지 못한다. 폭포를 찾아가는 숲속에서 물소리도 동반자가 된다. 산길을 걸으면서 건강도 챙기고 스트레스를 풀면 병원과 거리는 점점 멀어진다.

여름 폭포를 보는 건 피서로 으뜸이다. 한계암 옆으로 물줄기가 시원하게 흘러내린다. 한자리에서 세 개의 폭포를 감상하는 맛이 색다르다. 절벽에는 혜각, 석정, 수안 스님이 육 년을 정진한 암자가 새 둥지처럼 위태롭게 앉아 있다. 금강폭포의 물이 얼음처럼 차가워 이름도 한계암寒溪庵이라고 석정 스님이 지었다고 전한다.

폭포를 보기 위해 산을 오를 때 힘든 것과 달리 내려올 적에는 여유가 있다. 산은 오르는 것보다 하산이 더 위험하여 조심 또 조심한다. 두꺼비 바위도 눈에 들어온다. 올라갈 때와 다른 모습이다. 기묘한 모양도 자세히 안 보면 그저 평범한 바위에 불과하다. 고래 바위가 "난 여기에 있어요." 하며 물을 내뿜으려고 한다. 바다 고래가 계곡에서 어떻게 살아가는지 걱정이다. 사람의 시각에 따라 모든 게 달라 보이는 것은 바위뿐만 아니다.

인생도 산처럼 올라갈 때가 있으면, 내려올 때도 있다. 직장도 임기가 끝나거나, 정년이 되면 모든 걸 뒤로하고 물러나야 한다. 과욕이 화를 부르는 건 만고불변의 진리다. 청춘을 바친 직장에서 맡은 업무를 무탈하게 끝내고 정년을 맞이했다. 내 인생에서 계곡물처럼 깨끗하게 살아가도록 가르침을 준 건 산이다. 나옹 선사는 산을 좋아하는 나에게 "청산은 나를 보고 말없이 살라 하네." 하고 조용히 귓속말한다.

숲길 걷기도 폭포 탐방도 부지런해야 할 수 있다는 소리가 메아리처럼 들려온다. 뒤돌아보니 시원한 바람만 스쳐 지나간다. 숲은 게으른 사람에게는 건강을 주지 않는다고 바람에 실어 슬며시 알려 준다. 팔월의 무더위도 시원하게 보낼 수 있었던 것은 숲속에 폭포가 숨어 있었기 때문이다. 숲과 폭포는 떼려야 뗄 수 없는 환상의 콤비로 영원한 동행자다. 나는 임시 탐방자에 불과했다.

보름달이 얼마나 밝던지

　발걸음이 가볍다. 초여름 '달빛 음악회' 참석을 위한 여행이라 들뜬 마음은 어찌할 수 없다. '밀양 유유자적 탐방'이라 붙인 제목이 가슴에 와닿는다. 주말을 유혹하는 문구에 안 넘어갈 사람이 누가 있겠는가.
　십여 년 전 유럽 여행에서 가이드가 일행, 장소, 날씨 순으로 중요하다고 강조한 말이 기억에 오래 남아 있다. 여행은 뭐니 뭐니 해도 마음이 통하면서 허물없는 친구와 가는 게 좋다. 글이라는 관심거리가 같아 대화가 통하는 문우들과 함께 하루를 보내는 일은 유유상종이라는 말밖에 달리 표현할 게 없다. 수필을 사랑하는 사람들과 만남은 언제나 마음이 푸근하다.
　마르셀 프루스트는 "여행은 새로운 풍경을 보는 것이 아니라 새로운 눈을 가지는 것이다."라고 했다. 밀양은 영남루, 얼음골, 표충사와 같은 관광지로 유명하여도 문우들과 가는 문학 기행은 달랐다. 주마간산으로 관광지만 돌아보면 머리에 남는 게 없지만, 탐방지에서 글의 소재라도 하나 얻을 수 있으면 갔다 온 보람이 있다.

월연정이다. 월연 이태가 기묘사화(1520년)를 예견하고 벼슬을 버리고 낙향하여 밀양강 위에 별업으로 세운 정사다. 옛 선비들이 벼슬을 버린다는 게 쉽지 않은데 그는 어떤 마음이었을까. 한양에서 선비도 비껴갈 수 없는 게 사화와 당쟁이라 뒷날을 생각한 그의 통찰력이 빛난다. 예나 지금이나 권력에 취하면 말년을 조용히 보내기가 쉽지 않다.

월연정과 가까운 곳에 오연정이 있다. 조선 중기 문신인 추천 손영제가 고향으로 돌아와 건립한 별서다. 지금은 경치가 좋은 곳이면 어김없이 들어서는 게 별장이다. 경제적으로 여유 있는 사람들이 지어 놓고 주말에만 찾아가는 별장인데 평생을 직장인으로 보낸 나로서는 언감생심이다. 전망이 좋은 바닷가나 계곡 등에 들어선 집은 다 같이 즐겨야 하는 자연경관에 어울리지 않는 이물이 낀 것 같아 흉하기도 하거니와 보는 이의 기분도 좋을 리 없다.

점필재 김종직 선생의 지덕을 기리기 위해 지었다는 예림서원에 도착한 시간은 공연을 시작하기 이십여 분 전이다. 일찍 도착하여 사회자가 밀양에 관해 이런저런 이야기를 들려줘 기다리는 것이 무료하지 않았다. 밀양의 풍습을 알기 위해서는 '선비 풍류' 공연을 봐야만 할 것 같다. 새터가을굿놀이, 양반춤, 밀양검무 등은 밀양을 속속들이 알 수 있는 더없는 기회였다. 밀양 부사의 딸인 아랑의 본명이 윤동옥이라는 사실도 이제야 알았다.

위양지는 농민들이 농사를 짓기 위해 물을 대던 저수지인데 지금은 관광지로 변했다. 일행들과 같이 찾은 오후 시간에도 주차장은 승용차로 만원이다. 이팝나무가 만개하여 장관을 이루는 사월 말에서 오월 초쯤에 와야 했지만, 초여름 정취도 부족함이 없다. 어릴 적 시골 고향에는 가뭄이 심하면 어른들의 한숨 소리가 자주 들려왔다. 벼농사를 하늘에 맡겨야 하는 천수답을 바라보는 농부의 가슴은 바짝바짝 타들어 갔다. 저수지가 있어 물 걱정 없이 농사를 지을 수 있는 동네는 복 받은 곳이다.

밀양 여행에서 백미는 '대촌 청은재淸隱齋 달빛 음악회'다. 저녁은 몸도 쉬어 가라는 듯 개구리 소리와 함께 예술인들의 연주, 수필 낭송, 판소리 등을 감상하는 시간이다. 밀양에서도 북쪽 청도면에 있는 대촌마을 청은재는 박 교수님의 문학 창작실이다. 청도면장을 비롯하여 마을 이장과 주민들이 참석하여 음악회를 한층 더 빛내 준다.

직장에서 은퇴하여 귀촌이나 귀농하는 사람들이 동네 주민들의 텃세 때문에 적응하지 못하고 다시 도시로 되돌아가는 경우가 있다. 누구의 잘잘못을 탓하기 전에 시골 사람들과 소통이 부족해서 일어난 일이다. 서로가 마음을 터놓고 대화하다 보면 공통점이 있게 마련이다. 마을 주민과 함께 한마음으로 즐기는 음악회가 소통의 중요함을 알려 준다.

한 시간 삼십여 분 동안 진행한 산촌의 공연이라도 다른 음악회처럼 내용이 알차다. 마을 주민 두 분이 「미운 사내」와 「동동구루무」를 열창한다. 참석한 주민들도 무대로 나와 춤을 추며 신명을 낸다. 시골에서는 문화 혜택을 받기 어려운데 음악회가 멍석을 깔아 주었다. 예술이 도회인들의 전유물이 아닌 만큼 산촌에도, 어촌에도, 섬에서도 야외 음악회가 열려 누구나 문화와 예술을 누릴 수 있었으면 한다.

강원도 민요 「한오백년」, 단가인 「추억」, 판소리로 「흥부가」는 흔히 들을 수 있는 곡이 아니다. 국악은 일반인에게는 관심이 적은 것처럼 나 또한 마찬가지였다. 국악 공연도 야외 등에서 쉽게 접할 수 있으면 마니아층도 늘어날 수 있다. 누구라도 감상할 기회가 많으면 자주 공연장을 찾게 된다. 판소리는 소리꾼, 고수, 청중이 함께하는 종합적 창악으로 오늘같이 좋은 날 다섯 마당을 다 들을 수 없는 게 아쉽다.

한 달에 한 번씩 음악회 관객이 되곤 한다. 음악과 좀 더 친해지기 위해 음악가의 노래나 연주가 끝나면 손뼉을 크게 친다. 때로는 커튼콜로 큰 박수를 보낸다. 조수미나 임윤찬이 아니더라도 음악가는 청중을 만나기 전에 수백 번의 연습을 하였을 것이다. 연습만이 그들에게 무대에 설 수 있는 자격을 부여한다. 나는 한 편의 글을 완성할 때 자신에게 퇴고가 완벽하였냐고 물으면 자신이 없다. 공연을 볼 때마다 부족한 나를 채찍질한다.

피날레 곡인 「고향의 봄」이 은은히 울려 퍼진다. 구십여 분이 순식간에 끝나는 순간이다. 저녁샛별은 축하 인사차 내려왔는데 보름달은 어디로 갔는지 얼굴도 보여 주지 않는다. 약속 시간을 깜박 잊었을까. 청은재 뜰에 교교히 내려오지 않아도 뒷산 너머에서 감상하였으리라 믿고 싶다. 귀갓길에 산모롱이를 돌아 나오는데 수줍은 새색시처럼 살그머니 쫓아오는 온달이 너무 예뻐 하마터면 고함을 지를 뻔했다. 달빛 음악회 손님을 만나기 위해 얼굴을 단장하느라고 한발 늦게 찾아온 보름달이 얼마나 밝던지, 눈에 넣어 집에까지 데려왔다.

호박 예찬

맷돌 호박이다. 호박을 보면 여동생이 생각난다. 어릴 적에 못났다고 호박이라 부르며 놀린 일이 아직도 미안하다. 동기간에 여자는 한 명뿐이라 잘 지내야 하는데 그때는 철이 없었다. 유년 시절에 동생에게 상처를 준 것 같아 기억하기 싫지만, 호박만 보면 저절로 떠오르니 세월이 지나야 잊힌다고 스스로 다독여 본다.

문우가 호박 나눔을 한다는 희소식이 들려온다. 나눔은 주는 사람도 기분 좋고 받는 사람은 더 좋다. 남을 배려하는 따뜻한 마음이 세밑을 타고 흘러든다. 배려심은 마음속에 살아 있는 것이지, 하늘에서 갑자기 떨어지는 것이 아니다. 정이 많은 문우가 사무실 분위기를 한층 밝게 한다. 연말이라 몸과 마음이 추울 때 주황색 속살로 호박죽을 끓이고 전까지 부쳐 먹을 생각에 힘이 절로 솟는다. 호박죽은 맛이 달고 따뜻한 성질을 가지고 있어 어머니 정이 묻어나는 음식이다.

한여름 땡볕의 따가움을 온몸으로 받아 내며 물을 주느라 힘들었을 텐데, 그냥 받는 게 손이 부끄럽다. 수확한 후에도 호박

겉면에 묻어 있는 흙이나 먼지를 씻고 말려야 하는 수고를 한 번 더 떠올린다. 밭에서 집까지 운반하는 것도 만만치 않았을 텐데, 그저 고맙다. 손수 키운 농작물이라 어느 선물보다 값어치가 있다. 나눔과 베풂을 하려면 마음뿐만 아니라 부지런함도 있어야 한다.

"호박이 넝쿨째 굴러들어 왔다."라는 속담이 있다. 기대도 하지 않았는데 좋은 소식을 들었거나 횡재수가 생겼을 때 표현하는 말이다. 지난날 수필 작품도 컴퓨터 앞에 앉으면 그냥 술술 쓰일 것이라는 착각에 빠진 적이 있다. 호박이 넝쿨째 굴러서 들어오길 바라는 헛된 욕심이었다.

맷돌 호박이 지난 객지 생활을 소환한다. 십 년도 훨씬 전에 타지방으로 발령이 나서 퇴직할 때까지 외로움과 동행했다. 아내는 새벽녘에 일어나 출근하는 남편 식사를 준비하지 않아 좋을지 몰라도 객지의 나는 어려움이 많았다. 한 달에 두 번 정도는 산행으로 취미 생활을 해도 외로움은 달래지지 않았다. 끼니 걱정을 덜 수 있는 회식이 제일 반가웠다. 아내의 부재가 때로는 엉뚱한 생각을 만들기도 했다. 조석만 해결되면 평생직장의 마지막 추억이 깃든 그 시절로 되돌아가고 싶다.

관사에서 쓸쓸한 날이 쌓여 갈 때 뭔가 뜻있는 시간을 보내기 위해 찾은 것이 텃밭 가꾸기다. 십여 평의 텃밭에는 호박뿐만 아니라 옥수수나 고구마처럼 간단하게 삶아 먹을 수 있으면서 재배하기 쉬운 것만 심었다. 호박 구덩이에는 거름을 듬뿍 넣었다. 식물도 퇴비를 많이 줘야 열매가 튼실하게 열린다는 사실을 그때 알았다. 재배 실력이 부족한 초보 농군은 퇴비를 주는 일도 물을 주는 일도 게을리하지 않았다.

불볕더위도 개의치 않고 정성을 들여 키웠으나 결과는 실망스러웠다. 곁순치기하는 사실을 몰라 줄기만 무성하여 한 뿌리에 열매가 한두 개밖에 열리지 않았다. 기대보다 수확량이 적어도 보람은 있었다. 농부는 땅을 탓하지 않는다는 말처럼 서툴게 알았던 농사짓는 법을 제대로 배워야 했다.

아내와 떨어져 생활하면서 늘 식사 때가 되면 걱정이었다. 호박, 옥수수, 고구마는 요리 실력이 없어도 쉽게 삶을 수 있었다. 아내에게 음식 만드는 방법을 물어 메모해 놓고 배가 고프면 그대로 따라 하면 어슷비슷 먹을 만했다. 전화로나마 아내에게 식사에 대한 불편함을 하소연하고 싶었다. 조금만 부지런하면 맛있게 먹을 수 있는데도 귀찮아서 투정을 부렸다고나 할까.

직장에서 물러난 후 끼니 걱정은 언제 했나 싶다. 저녁에 아내가 호박죽을 끓이고, 호박전도 부쳤다. 식탁이 호박 음식으로 풍성하다. 전 종류는 호박전뿐만 아니라 가리지 않고 다 좋아한다. 문우 덕분에 오랜만에 별미를 맛본다. 요즘은 남자도 요리를 배운다는데, 나는 참 간 큰 사람이다. 호박은 다양한 영양소와 미네랄을 함유하고 있어 피부에도 좋다. 식이섬유가 많아 변비 예방이나 다이어트에 좋은 음식이 여전히 인기가 많다. 나는 호박 특유의 달콤함에 구미가 더 당긴다.

식탁에서 아내와 맷돌 호박에 얽힌 지난 이야기를 나눈다. 식사 시간이 평소보다 두 배나 길어졌다. 어릴 적 시골에서 먹은 호박죽의 맛을 기억하며 향수와 추억까지 공유한다. 부모님은 수박 농사를 지으면서 참외와 호박도 가장자리에 서너 포기씩은 꼭 심었다. 사람도 이웃사촌이 있어야 덜 외롭듯이, 수박도 마찬가지였을 거다. 수박 서리는 시골에서 오래 생활한 나에게 유년의 추억으로 남아 있다. 아내도 가난한 시골 출신이라 서로 마음은 잘 통했다.

못생긴 여자에게 "호박꽃도 꽃이냐." 하면서 무시하는 말을 하면 듣는 이는 가슴이 아플 것이다. 호박꽃을 좋아하는 사람이 들으면 비유가 적절하지 않다며 타박해도 할 수 없다. 못생긴이의 대명사로 불린 호박의 불명예에 여전히 미안하다. 예쁜 동생을 놀리느라 호박을 호명했던 불경죄 또한 달게 받을 거다.

여름의 땡볕 더위를 떠올릴 때는 자연스레 호박꽃이 따라 웃는다. 노랗고 탐스러운 별 모양을 닮은 호박꽃이 담장을 타고 피어 벌과 나비를 유혹할 때는 이만한 꽃이 없다. 예쁘기만 하다. 호박꽃은 사람이 좋아하는 천연 벌꿀을 마구마구 퍼 올리는데, 못난이의 대명사로 불리는 오명에 억울함이 크겠다. 세상은 잘나고 똑똑한 사람만 있는 게 아니듯이, 꽃도 장미만 있는 게 아니다. 담 옆 밭두렁에 지천으로 피어 애호박에서 누런 호박을 선물해 주는 호박꽃보다 예쁜 꽃이 있으면 어디 나와 보라고 하자.

호박은 사람에게 건강을 선물하는 자연식품인데 처음에 누가 못난이라고 했을까. 나부터 여동생에게 사과하고 싶다. 호박의 영양가를 아는 사람은 못났다고 함부로 말하지 않는다. 열매, 잎, 줄기, 씨앗이 모두 식용으로 쓰이니 버릴 게 하나도 없다. 둥글둥글한 모습대로 예쁘기만 한 맷돌 호박이란 이름이 늙은 호박, 천둥 호박으로 불리는 것보다 친근감을 준다.

호박죽이 겨울 추위를 녹이면서 먹는 즐거움까지 안겨 주니 사랑의 전령이라 해도 과언이 아닐 것이다. 한여름 뙤약볕도 견뎌 낸 호박이 오늘따라 입맛을 돋운다. 문우는 나누는 기쁨을, 나는 먹는 행복을 누린다. 행복한 시간은 스스로 만들지만, 때로는 운 좋게도 남이 만들어 주기도 한다. 이래저래 호박이 넝쿨째 굴러들어 와서 아내와 대화 시간이 늘어났다.

따뜻한 사람

 4년 동안 정이 들었다. 김 선생님과 인연은 초등학교에서 인생 2막을 시작하고 나서부터다. 처음 만나는 분들과 대화가 쉽지 않을 시기에 가까워지고 나서 출근길 발걸음이 가벼웠다. 전출하기 전까지 마음이 통하는 편안한 사이로 지냈다.
 교직원들과 얼굴이 익지 않을 때는 소통이 불편했다. 한 번씩 거리감을 느끼면 일에 대한 회의가 들어 마음이 편치 않았다. 선생님 집이 학교 근처라 걸어서 퇴근하다가 만나 자연스럽게 가까워졌다. 세월이 약인 줄 모르고 몇 번이나 그만두고 싶을 즈음에 서로 마음을 나눌 수 있어 위안을 삼았다. 퇴근길 인연이 물꼬가 되어 그런지 학교 근무가 그리 어렵게 느껴지지 않았다. 어느 직장이든 소통이 잘돼야 편한 마음으로 근무할 수 있다는 걸 새삼 깨달았다.
 선생님은 주일에 열심히 교회에 다니는 독실한 기독교 신자다. 나도 같이 서너 번 예배에 참석했다. 삼십여 년 만에 다시 하나님의 말씀을 듣는다는 생각에 가슴이 설렜지만 그때나 지금이나 여전히 어렵다. 집에서 성경책 대신에 대중서나 유튜브로 공부하는 게 훨씬 이해가 빠르다. 유튜브는 시간에 상관없이 언제 어디서나 기독교에 대해 알고 싶은 내용을 찾아 들을 수 있다. 교회에 출석하지 않아도 신실한 믿음만 있으면 신자라고 대우해 주면 좋으련만 종교의 문턱도 생각보다 높다.

나는 특별히 믿는 신앙이 없지만, 일부 사람이 타 종교를 비방하는 모습을 보면 듣기가 거북하다. 진정한 종교인은 다른 종교를 낮추어 말하거나 비방하지 않는 법이다. 대개 어설픈 이들이 그런 실수를 한다. 사이비 종교라면 손사래를 치지만 그렇지 않을 경우는 호의적이며 관심도 많은 편이다. 하나님도 부처님도 다 만나고 싶으나 유교 전통에서 자란 공자님 후손은 결정 장애가 온다. 믿음은 부족해도 하나님을 알게 된 것으로 만족한다. 성경과 불경을 들으면 가르침을 주는 좋은 내용이 많아 가리지 않는다. 현실을 살아가는 데 도움 되는 말씀이 많기 때문이다.

종교가 주는 위안과 달리 문학은 카타르시스를 느낄 때가 많다. 문학에 입문하고부터 마음이 안정되면서 정서적 위안을 느꼈다. 수필을 쓰면 가슴 저 밑바닥에 숨어 있던 고통도 끌어내어 깨끗한 물에 말끔히 헹구어 낸 것처럼 마음이 홀가분하다.

퇴근길에 만날 때마다 학교생활, 문학, 종교 등에 관해 많은 이야기를 나누곤 했다. 수필이나 아동문학을 공부하여 문단에서 같이 활동하자고 몇 번 동참을 권했다. 늘 초롱초롱한 아이들과 부대끼며 생활하면 글쓰기의 소재가 풍부하지 싶었다. 실생활에서 나오는 글이니 감동은 배가 될 거다. 동시나 동화를 쓰는 작가들이 전현직 초등학교 교사가 많은 걸 보면 그런 이유가 아닐까.

글을 쓰면서 아이들의 학교생활에 관련된 내용을 자주 묻곤 했다. 학교에서 경험한 것을 쓰려면 정확하게 알아야 한다. 책으로 지식을 습득하는 것보다 일선에서 가르치는 교사에게 물어보는 게 좋은 글이 나온다. 좋은 작품은 현장감이 생생하게 살아 있는 글이다. 한 편의 작품을 발표하려고 해도 어설픈 지식을 가지고는 쓰기 어렵다. 모르면 손자에게도 묻는다고 하는데 배움에는 끝이 없다.

요즘의 초등학교는 내가 다닐 때의 분위기와 판이하다. 그 시절에는 선생님을 존경하여 방과 후에도 함께 보내면서 부모님처럼 따랐다. 지금 학생들은 정규수업이 끝나기가 무섭게 대부분 사설 학원으로 간다. 초등학생부터 사회의 생존 경쟁에 내몰리는 듯하다. 선생님, 학생, 학부모의 따뜻한 정은 어디로 갔는지. 선생님은 학생과 학부모를 믿고, 학생과 학부모는 선생님을 믿어야 공교육이 살아날 텐데 여러모로 아쉬운 부분이다.

학부모의 터무니없는 민원으로 고통당하는 선생님을 볼 때는 도와줄 수 없어 마음이 아프다. 이기적인 갑질은 당해 보지 않으면 모른다. 내 아이는 잘못이 없고 선생님과 친구가 나쁘다고 한다. 학부모의 입장에서는 자녀가 무슨 짓을 해도 다 예쁜 건 이해할 수 있다. 아이가 잘못했으면 솔직하게 사과하면 좋은데 지켜보기에 안타까울 때가 많다. 인격 수양이 덜 된 사람은 본인 이외는 고치기가 쉽지 않다.

교직원은 학부모뿐만 아니라 관리자도 잘 만나야 한다. G는 시대가 변해도 권위주의로 지시하는 사람이라 오랫동안 여러 사람이 고통을 당했다. 학교에 아직도 권위주의자가 있다는 게 이해하기 어렵지만 현실은 받아들여야 했다. 어느 직장이라도 대화가 통하는 상사가 있는 반면에, 불통 상사도 있게 마련이다.

"선생님, 우리 학교에서 선생님과의 인연이 가장 기억에 남습니다. 늘 저에게 웃음과 안부 인사로, 가끔 먹을 것과 좋은 글로 반갑게 대해 주셔서 감사드립니다. 늘 건강하길 바랍니다. 종종 안부 전하겠습니다. May god bless you. 김○○ 올림."

편지를 받은 지가 대여섯 달이 지났다. 아이들 방학이 선생님에게는 휴가이고, 친정어머니가 방학이라고 한다. 친정어머니는 손자들 돌봄에서 해방되는 날이라 방학이라고 해도 틀린 말이 아니다. 직장 생활을 하려면 아이가 어릴 때 누군가가 돌봐 주는 사람이 있어야 한다. 친정어머니가 가장 좋지만 여의찮으면 시어머니나 도우미에게 맡겨야 한다.

지난주에는 그동안 연락이 뜸해 안부가 궁금했다. 방학이라 잘 보내고 있겠지만 목소리라도 듣고 싶었다. 저녁에 아이들은 남편에게 맡기고 화명생태공원에서 산책하는 중이었다. 두 아들을 돌보려면 체력이 좋아야 하는 만큼 운동하면서 스트레스도 풀어야 한다. 그간 마음을 터놓고 대화를 나눈 나에게 진정한 동료라고 말한다. 과찬의 말이다. 김 선생님이야말로 나에게는 진정한 동료 이상이었다. 따뜻한 사람은 멀리 있는 게 아니라 가까이에 있었다.

동심정에서

온몸이 나른하다. 불볕더위에 가까운 산책길 걷기가 귀찮아도 우울한 마음을 떨치려면 어디든지 가야 한다. 운동을 끝낸 후 조용히 책도 읽을 수 있는 장소를 물색하다가 문득 정자가 떠오른다. 동심정은 지난날 선비를 위한 곳이 아니라, 산책객을 위한 쉼터다.

산책을 나설 때마다 정자에서 푹 쉬면 좋겠다는 생각이 들었지만, 오늘에서야 실천한다. 에어컨 바람을 뒤로하고 시원한 산바람을 맞으러 간다. 배낭에는 책, 생수, 초콜릿이 들어 있다. 아파트 앞 증산에 있는 정자는 이웃 아파트 주민들도 많이 찾아와 사랑방 역할을 한다. 소나무 속에 파묻혀 있어 명상하기에도 좋다.

노후에는 가벼운 걷기가 건강을 챙겨 주는 보약이다. 산을 오르기 힘든 사람에게 가벼운 산책길이 안성맞춤이다. 오르막이 거의 없어 단조롭다고 생각되는 날은 내친김에 정상까지 가도 좋다. 맨발 걷기가 혈액 순환 개선과 지압 효과로 면역력을 높여 준다는 보고에 사람들이 너도나도 몰려든다. 천천히 한 바퀴만 돌아도 한 시간 정도 걸리니 하루 운동량으로 부족함이 없다. 숲길을 자연과 교감하면서 어린아이처럼 쉬엄쉬엄 걸으면 피로한 줄 모른다.

동심정은 심신을 재충전할 수 있는 안식처다. 동심을 한자로 세 가지 뜻풀이로 적어 놓았다. 첫째 동심同心은 "자연과 마음을 같이하는 힐링 공간"이다. 둘째 동심動心은 "자연의 소리, 냄새 등 좋은 자극을 받아 마음이 움직여지는 공간"이다. 셋째 동심童心은 "사방이 트인 곳에서 어린아이의 마음처럼 상상의 나래를 펼칠 수 있는 공간"이라고 설명해 놓았다. 난 동심同心이 마음에 든다.

정자는 동남쪽으로만 훤히 트여 금정산이 바로 눈앞에 보인다. 다른 방향은 소나무 사이로 건물만 보이니 조금 아쉽다. 부산시 북구와 양산시 동면에 걸쳐 보이는 금정산의 푸른 능선과 정상인 고당봉이 눈앞에 있어 지난 시절의 추억이 아른거릴 때가 있다. 백양산에서 금정산 북쪽 끝자락인 양산시 다방동까지 종주한 기억이 새롭게 다가온다.

동심정은 팔각정으로 족히 이십여 명은 쉴 수 있다. 정자에는 주민들이 청소용품인 대걸레, 빗자루, 쓰레받기도 비치해 두었다. 누군가 소리 없이 팔각정을 닦아 내는 봉사에 고마운 마음을 전할 길 없다. 봉사란 하는 사람도 기쁘고 받는 사람도 행복한 법이다. 한 사람의 수고로 여러 사람이 편하게 쉬고 갈 수 있으니 좋지 아니한가. 그냥 이용만 하는 게 미안해서 빗자루를 들고 마루와 계단을 청소한다. 정자가 아니라 나를 청소하는 것 같아 빗자루가 스칠 때마다 마음의 때가 한 겹씩 벗겨지는 듯하다.

정자 마루에는 솔잎도 바람에 실려 마실 나왔다. 개미도 까치도 덩달아 덥다며 머물다 간다. 매미는 정자보다 더 편하게 쉴 곳이 있는지, 약속한 이가 있는지 흘깃 보다 지나간다. 동심정은 사람만 더위를 피하며 쉬는 장소가 아니라 산 주인인 동식물이 머무는 곳이기도 하다. 바람도 불다가 힘이 들면 쉬어 갈 만큼 마음을 사로잡는 곳이다.

시원한 산바람이 불어오니 초등학교 때 부른 동요「산바람 강바람」이 입에서 저절로 나온다. 고향 뒷산에서 소에게 풀을 먹이러 다니면서 부른 노래라 더 정겹다.『런던에서 온 평양 여자』라는 책을 읽다가 눈이 피로하면 금정산을 쳐다본다. 산은 언제 봐도 그 자리에 있는 고마운 존재다. 한창 전국으로 산행을 다닐 때는 산이 그저 좋았다.

동심정에서 금정산을 바라보면 답답한 가슴이 시원하게 뚫린다. 북한의 민둥산처럼 보였으면 눈에 피로가 더 쌓였을지 모른다. 에어컨 대신 산바람으로 무더위를 피하니 집을 나서길 잘했다. 자연은 늘 인간에게 도움을 주기만 하는 고마운 존재다. 언젠가 보은할 날이 오긴 할까마는 아끼고 소중히 여기는 마음으로 표현할 뿐이다.

오십 대 중반쯤으로 보이는 두 여인이 정자로 올라온다. 혼자 있을 때 더워서 걷어 올리고 있던 바지를 얼른 내려 매무새를 다듬는다. 한 분이 "더운 데 편하게 있으면 됩니다."라고 하여도 그렇게 할 수 없다. 여러 사람이 이용하는 공간에 나만 편하게 있자는 게 민폐다. 요즘 세상은 서로 바쁜 탓으로 돌리며 예의가 없는 사람이 너무 많지만, 나는 고집스레 지키고 싶다. 그들의 눈에는 나 역시 자연의 일부이니 불쾌감을 주지 않는 단정한 모습으로 남고 싶다. 둘이 열심히 수다를 떨기에 끼어들 틈이 없어 올곧은 선비처럼 그저 묵묵히 책만 읽는다.

이 좋은 장소를 지금껏 왜 사용하지 않았나 싶다. 증산에는 여섯 개 정자가 있지만 힘들지 않게 올라와서 더위를 피하기에는 동심정이 으뜸이다. 그간 산책길만 열심히 다니면서 운동만 하였지, 마음을 단련한다는 생각은 못 했다. 몸이 아무리 건강한들 정신이 맑지 않으면 올바른 생각이 깃들지 않는 법, 독서할 수 있는 정자가 정신 건강에도 중요하다는 걸 새삼 느낀 날이다.

금정산을 바라보면 저절로 보이는 곳이 한 군데 더 있다. 증산역 앞에 단독 주택이 옹기종기 들어선 서들마을이다. 마을에 있는 조그마한 땅에는 아내가 이웃사촌과 정을 나누는 장소다. 아내는 서투른 도시 농부가 되어 이웃사촌과 놀면 시간 가는 줄도 몰라 우울증을 예방한다며 매일 그곳으로 간다. 남자보다 여자가 신체적인 변화가 더 많아 우울증을 많이 앓는다고 하니 아내의 외출에 응원만 보탠다.

남자나 여자나 할 것 없이 갱년기가 오면 삶 자체가 우울해져 모든 게 귀찮을 때가 있다. 다행히 나는 문학에서 삶의 활력소를 찾아 갱년기가 언제 왔다가 지나갔는지 몰랐다. 오늘처럼 무더운 날은 산책을 끝내고 정자에서 책을 읽는 게 조그마한 행복이다. 세월 앞에 장사가 없다는 말을 겪고 있는 터라 건강 관리를 위해 시간을 많이 투자한다. 몸이 건강해야 좋아하는 수필도 쓸 수 있다.

　동심정에서 독서로 더위를 피하니, 옛 선비들의 피서법이 떠오른다. 계곡의 정자에서 책을 벗 삼아 탁족으로 세월을 보낸 그들과 비교할 수 없어도 마음은 엇비슷할 거다. 달을 희롱하며 더위를 피한 정자는 아닐지라도 여름 나기에 부족함이 없다. 현대판 선비는 정자에서 독서로 마음 나눌 동무 한 사람 구해 같이 즐기고 싶다. 생각만 해도 무더위는 저만큼 달아나고 시원한 산바람이 버선발로 마중 나온다.

천천히 가야 할 곳

 일등이 좋아 앞다투는데 꼴찌로 가고 싶은 곳이 있다. 나도 아직 가 보지 않아서 그곳 생활은 잘 알지 못한다. 주위에서 간 사람은 많아도 지금까지 돌아왔다는 소식은 듣지 못했으니 더욱 알 길이 없다. 아, 성경에는 예수님이 십자가에 못 박혀 돌아가신 지 사흘 만에 부활했다는 기록은 있다.
 지인들에게 천국이 어디에 있는지 물어봐도 아무도 시원하게 답을 가르쳐 주지 않는다. 대통령도, 재벌 총수도, 일반 국민도 모두 갔지만 돌아오지 못했다. 누구나 한 번은 가야 하는 길. 이 세상에 올 때는 부모의 사랑을 받으며 울면서 왔어도, 갈 때는 많은 사람의 애도 속에 떠난다. 연예인은 대중의 사랑을 먹고 사는 이들이다. 그들이 가면 '베르테르' 현상이 나타나 애먼 사람이 따라간다. 실연을 당한 후 순간의 고통을 참지 못하고 욱하는 마음에 홀연히 간 사람도 있다.
 나에게도 가슴 아픈 초등학교 친구가 있다. 불혹으로 한창 일할 때 편도 열차를 타고 하늘로 갔다. 뇌종양의 초대에 거절하지 못하고 어쩔 수 없이 따라간 것이다. 초등학생이었던 두 딸은 벌써 한 가정을 이룰 나이가 넘었는데 잘 살고 있는지. 그 시절은 나도 어려울 때라 도와주지 못해 후회로 남아 있다. 친구 부인에게 보험을 한 건 들었으면 천국에서 만나도 덜 미안할 텐데 이미 지나간 세월이다. 기제사 때 서너 번 참석했는데 지금은 어느 하늘에서 살고 있을까. 무소식이 희소식이라는 말이 있어도 들을 수 없는 그의 안부가 늘 궁금하다.

인간은 죽음을 피해 갈 수 없다. 백을 동원하거나 뇌물을 주고 천천히 가고 싶다고 연기를 신청해도 안 된다. 열차처럼 왕복표를 끊을 수 없기에 더욱 기를 쓰고 사는지도 모른다. 하늘에서 부르면 하던 일도 멈추고 두 손 탁탁 털고 가볍게 일어나야 한다. 세상에서 제일 공평한 게 죽음이다. 자신이 한 만큼 되돌려받는다. 살아서 만인의 존경을 받던 사람은 죽어서도 추앙받는다.

하늘나라도 먼저 가려고 새치기하는 사람이 있다. 그들의 심정을 조금은 알 것 같아도 충분히 이해하기는 힘들다. 개똥밭에 굴러도 이승이 좋다는 말이 있는데 부모가 준 귀한 목숨을 함부로 다루면 불효나 다름없다. 스스로 삶을 정리한 사람을 보면 이래저래 마음이 아프다.

갈 때도 올 때와 마찬가지로 빈손이다. 권력이나 돈을 가지고 가려고 몸부림을 쳐도 모두 맨손으로 간다. 설령 관 속에 돈을 넣어 가지고 갈 수 있어도 천국에는 사용할 곳이 없다. 누구는 욕심을 부려 관 밖으로 손을 내밀었다는 것도 뜬소문이다. 그곳에서 권력이나 돈이 통하면 부정은 끊이질 않을 테니 이곳과 다를 바 없다. 빈부 격차가 없는 곳은 하늘나라뿐이다.

"오늘은 나에게, 내일은 너에게." 로마의 공동묘지 입구에 적혀 있는 글귀다. 의미심장한 내용이라 공감한다. 내일의 죽음을 생각할 필요는 없지만 하루하루의 삶에는 후회가 없어야 한다. 지난날은 후회해도 돌아올 수 없기에 아무런 소용이 없다. 후회는 아무리 빨라도 늦다는 말이 있다. 오늘을 살았다는 것은 죽음이 하루 더 빨리 다가왔다는 말과 같다. 천주교대구대교구청 성직자 묘지 입구에 두 개의 기둥이 서 있다. 왼쪽 기둥에는 "HODIE MIHI(호디에 미히)", 오른쪽 기둥에는 "CRAS TIBI(크라스 티비)"라는 라틴어가 새겨져 있다. 로마의 공동묘지 입구와 같은 글자다.

아내와 한집에서 살아온 지가 사십여 년이다. 지금은 건강하여 걱정이 없어도 언젠가는 혼자서 가야 한다. 가지 않을 수 없는 외길이지만 가능한 한 늦추고 싶다. 현재의 삶을 충실하게 보내면 하나님도 천천히 데려가리라 믿는다. 진시황처럼 불로초를 구하러 보낼 신하가 없어도 즐겁게 사는 게 불로초를 먹는 거나 진배없다.

그동안 마라토너처럼 죽기 살기로 앞만 보고 달리다가 한 번씩 뒤를 돌아보는 여유를 가져 본다. 저승길이 까마득하게 멀어 보이지 않는다. 젊을 때 다하지 못한 걸 끝낸 후에 부모님을 만나러 갈 것이다. 천국에 계신 부모님도 자식이 늦게 문안하는 걸 이해하리라 생각한다. 천국행은 첫차 대신에 막차를 타려고 한다.

이승에서 하지 못한 일은 저승에서도 어렵다는 것을 알고 있어 꼴찌로 간다는 마음은 변함이 없다. 노후에 욕심을 버리고 살면 하나님도 천천히 오라고 하겠지. 건강은 건강할 때 지키라는 말을 실천하면서 친구들이 먼저 가면 느긋하게 뒤따라갈 것이다. 누가 일등을 권유해도 사양하겠다. 아름다운 세상이 천국에도 똑같이 있다고 해도 이승이 좋다. 천국이 진수성찬을 차려 놓고 기다린다고 해도 이승이 좋다. 생과 사는 둘이 아니라 하나라고 해도 이승이 좋다.

어느 시인은 이 세상 소풍이 끝나는 날에 간다고 하였는데 난 언제 끝날지 기약이 없다. 예수님도, 부처님도, 알라신도 이십여 년 후 천국행 표를 예약받는다는 말이 없다. 예약이 가능하면 좋겠지만 안 된다고 해도 어쩔 수 없다. 하늘나라 여행은 천천히 가야 할 곳이다. 졸수를 지나면 갈 수 있는데 미리 준비는 하지 않는다.

근래에 들어 친구들을 만나면 이구동성으로 건강이 화두다. 누군가 투병 생활을 하고 있다는 소식을 들으면 마음이 아프다. 천국에 늦게 가려면 건강을 잘 챙겨야 하는 만큼 노력은 하고 있다. 암이나 치매, 뇌졸중 같은 중병이 슬며시 찾아오면 단호히 거절할 것이다. 오는 데는 순서가 있지만 가는 데는 순서가 없다고 하여도 느지막하게 가련다. 천천히 가야 할 곳은 오직 한 군데뿐이다.

여행의 끝은 집이다

해외여행은 늘 신세계에 대한 갈망을 풀어 준다. 직장에서 한솥밥을 먹을 때 만든 양띠 동갑 모임인 '구양회'에서 일본 여행을 결정했다. 강산이 두 번이나 바뀌고도 일 년이 더 지났을 만큼 끈끈한 정을 나누는 모임이다. 동료가 어느덧 친구다. 그간 필리핀, 중국, 호주와 뉴질랜드를 회원들과 부부 동반으로 다녀왔다. 올해는 칠순이라 뜻깊은 여행인데, 몽골에서 일본으로 여행지가 변경되는 우여곡절이 있었다.

출발 날짜를 일주일가량 앞두고 미야자키현과 가나가와현 앞바다에 규모 7.1, 5.3의 지진이 발생했다. 모임에서 연기를 하느니 마느니 하며 잠시 결정에 어려움이 있어도 나는 가기를 원했다. 2020년 코로나19로 인해 미국 여행이 취소되어 계약금이 떼인 것을 생각하면 여행지는 달라도 다시 찾아온 기회를 놓칠 수 없었다. 수도인 동경은 지진 지역이 아니고 태풍도 경로가 비켜 가면서 크게 걱정하지 않아도 되었다. 해외여행을 떠나기 전 이런저런 핑곗거리를 만들면 끝이 없다.

여권이 바뀌었다

　제79주년 광복절에 패전국 일본으로 가기 위해 여명의 김해 국제공항에 14명이 모였다. 집안 사정으로 함께하지 못한 두 부부가 생각났지만, 미안해할 것 같아 안부조차 묻지 못했다. 우리나라 추석과 같은 일본 최대의 명절인 오봉절 연휴가 시작되는 첫날이라 교통 체증이 일어날까 봐 은근히 신경이 쓰였다. 걱정한다고 해결되는 게 아니라 생각하니 마음이 한결 가볍다.
　L 친구 옆에는 부인은 보이지 않고 통통한 남자아이가 있다. 초등학교 6학년 외손자가 외할머니 대신에 왔다. 대견스럽다. 나도 언제쯤이면 외손녀를 데리고 해외여행을 하는 날이 올는지. 마냥 부러웠지만, 친구에게는 한시도 마음 놓을 수 없는 긴장된 날이 될지 모른다.
　아니나 다를까. L은 예매한 비행기표를 받으려고 줄을 서면서 여권을 가지고 오지 않은 걸 알았다. 다행스럽게도 가이드가 '항공 예약 확인서' 프린트물을 가지고 있어 항공사에서 편의를 봐줘 표도 받고 수하물까지는 부칠 수 있었다. 더 이상 탑승수속은 불가능했다. 친구는 2시간이란 여유가 있어 집에서 누군가가 여권을 가지고 오면 되지만 기다리는 동안은 불안했을 거다.
　우스갯소리로 해외여행에서 목숨만큼 중요한 게 여권이다. 공항에서 아내 것과 바뀐 사실을 알았을 때 어떤 표정을 지었는지 한번 봐야 하는데 아쉽다. 외손자 여권은 잘 챙기면서 본인 여권은 왜 확인하지 않았는지. 부인이나 외손자가 아무리 좋아도 사랑스러워도 그렇지. 해외여행을 가면서 부인 여권을 가지고 온 것은 동행할 수 없는 미련이 남아서일까. 부곡동 집에서 아들이 30여 분 만에 여권을 가지고 와서 무사히 탑승수속을 마치고 합류했다. 그나저나 할아버지와 외손자의 여행이 흔한 게 아니라 즐거움만 가득해지길 응원을 보냈다.

길을 잃다

연못에 비친 후지산을 볼 수 있는 오시노 핫카이는 '후지-하코네-이즈 국립공원'에 속하면서 세계문화유산으로 지정된 지역이다. 제7호 태풍 '암필'의 영향으로 비가 계속 내리고 있어 '신앙의 대상과 예술의 원천'인 후지산이 얼굴을 보여 주지 않는다. 후지산에서 내려온 용천수가 8개 연못을 이루어 자연 경관이 뛰어나도 훗날을 기약할 수밖에 없다. 두 번째 일본 여행인데 아쉬움만 가득하다. 비 때문에 제대로 구경하지 못하고 그냥 가려니 발걸음이 무겁다.

해외여행에서는 일행 못지않게 날씨가 좋아야 하는데, 그간 성실하게 살아왔는데 하늘마저 도와주지 않는다. 섭섭하지만 한 번 더 오라는 뜻이라 생각하니 마음이 편하다. 관광버스에 L 씨 부부를 제외하고는 다 모였다. 10분이 지나도 전화를 받지 않아 가이드가 직접 찾아 나섰다. 20여 분이 지나서야 상남자가 얼굴을 보여 준다.

낯선 일본 땅에서 혼자 남아 있으면 두려움이 있지만, 둘은 걱정이 덜 된다. 왜 전화를 받지 않았냐고 물으니, 진동으로 해 놓아 소리를 듣지 못했다고 한다. 빗소리에 휴대전화 진동이 들릴 리가 만무하다. 가이드와는 용케도 통화가 되어 바로 찾아올 수 있었다. 비가 원수지, 사람이 잘못 있나.

빗속에서 무사히 찾아온 것만으로도 감사하다. 한편으론 주차장을 찾지 못해 헤매고 다닌 걸 생각하면 웃음이 절로 나온다. 때로는 길도 잃어버리고 돌아다녀야 여행의 참맛을 느낄 수 있다. 너무 판에 박은 코스로만 다니면 기억에 오래 남아 있지 않을 테다. 나도 아내와 길을 몰라 헤매고 돌아다녀 볼까. 빗속의 데이트라 생각하면 그리 나쁘지만은 않을 듯하다. 아내의 얼굴을 한 번 더 쳐다본다.

술이 원수다

저녁 10시경에 잠자리에 들었다. 집에서도 밤늦게까지 원고를 쓰는 날이 아니면 10시 전후로 침대와 8시간 정도 한 몸이 된다. 잠자리에 드는 시간만큼은 모범생이다. 수면이 부족하면 이튿날 머리가 아파서 잠에 대해서는 양보가 없다. 한참 곤히 자고 있는데 문을 두드리는 소리가 들린다. 아내는 자고 있어 잠귀가 밝은 내가 일어났다. 숲속의 호텔에 밤손님이 찾아올 리가 없는데 누구일까. 시계를 보니 12시다. 지진이라도 발생했으면 호텔에서 비상 방송으로 대피하라고 안내하거나 복도에서 비상 벨이라도 울렸을 텐데, 듣지 못했다. 일본 땅에서 아는 사람이라곤 일행과 가이드뿐이다.

"누구세요?"

"H 씨 방 아닙니까?"

애주가인 K의 목소리에 안도감이 든다. 문을 여니 H 씨 방인 줄 알고 노크했다고 한다. H도 나처럼 술과 친하지 않아 K가 야밤중에 찾을 일이 없을 텐데, 그는 화장실이 급했다. 술이 문을 잘못 두드린 것이지, 그가 실수한 게 아니다. 술꾼에게는 술이, 애연가에게는 담배가 배우자 다음으로 좋을 수 있다.

술이 좋아서 아니면 스트레스를 풀기 위해 주거니 받거니 하는 사람을 보면, 취미 생활로 해소하면 몸에도 좋을 것이라는 생각이 든다. 사람마다 취향이 다르니까 술꾼의 마음을 이해할 수밖에 없다. 일행이 아닌 밤손님이 문을 두드리지 않은 것만으로도 다행이다. 복도에서 소란스러운 소리에 K 씨 부인이 객실에서 얼른 나와 남편을 데리고 간다. 아침에 사랑하는 사람을 위해 해장국도 끓여 주면 좋을 텐데, 어떻게 하였을까?

수하물은 죄가 없다

3박 4일 일본 여행이 끝나는 날이다. 일본에 오기 전까지만 해도 지진과 태풍으로 걱정은 조금 있었지만, 시간은 너무 빨리 지나갔다. 좀 더 머무르면서 비 때문에 보지 못한 연못에 비친 후지산의 그림자와 아시호수 유람선을 타고 싶어도 내가 사랑하는 부산으로 돌아가야 한다. 열일곱 살에 부산으로 유학 온 이후 50여 년을 넘게 살면서 정이 든 도시다. 사위 부부가 있고, 딸과 아들이 있는 곳이라 더 좋다.

여행 마지막 날도 편하게 지나가지 않아 여러모로 기억에 오래 남을 일만 쌓여 간다. '에어부산' 비행기가 친근감이 드는 것은 부산이란 글자가 들어갔기 때문이다. 수하물에 이상이 있는지 항공기에 실은 것을 모두 내린 후 확인하는 모습이 38E 창가 좌석에서 보인다. 전산 장애로 인하여 수하물만 다시 검사한다는 소식을 가이드에게 들으니 안심이다. 이륙은 늦어도 안전이 최고라 기다리는 건 아무렇지 않았다. 잘못은 사람이 하였으니, 수하물은 죄가 없다. 나리타국제공항에서 오전 10:55분 출발할 비행기가 한 시간이나 지연돼 12시경에 이륙했다.

비행기는 사고가 드물지만, 한번 발생하면 대형 사고로 이어질 수 있어 안전한 운항을 위해서는 수십 번이라도 완벽하게 점검하는 게 좋다. 하나뿐인 귀중한 생명을 허무하게 사고로 잃고 싶지는 않다. 대통령이나 일반 국민이나 목숨은 다 소중한 만큼 불의의 사고는 없기를 바랐다. "오늘도 무사히."라는 기도보다 실천이 중요하다.

1시간을 기내에서 지루하게 머물렀지만, 불만은 없다. 승무원은 각자 제 직무에 한 치의 실수도 없어야 내가 안전하게 집으로 돌아갈 수 있다. 가이드도 자기의 일에 최선을 다한 안내라 추억에 오래 남을 여행이 되었다. 여행이란 집에 무사히 도착해야 끝이라고 한다. 늘 여러 사람 덕분에 안전하게 마무리할 수 있어 감사한 마음은 변함이 없다. 해외여행이란 오늘 집에 돌아와도 내일이면 또 가고 싶은 마력이 있다.

작품 해설

사물의 심층적 해석과 인생 담론의 조화

박양근(문학평론가, 부경대 명예교수)

인간은 태어나면서 단 한 번뿐인 삶을 살아간다. 출생하여 죽음에 이르기까지의 생은 누구에게나 주어진 공평한 권리이면서 의무다. 신이 내린 생명과, 부모가 물려준 육신으로 최선의 삶을 이루고자 하지만 행복과 불행이라는 결과는 사람마다 다르다.

그 삶을 새롭게 생각하고 문학이라는 매체로 자아를 재정립하려는 사람이 있다. 그는 지난 삶에서 얼룩진 부분을 찾아 신선한 의미를 부여하여 현실적 존재를 실존적 존재로 승화시켜 나간다. 보통 사람과 달리 성찰력으로 오늘날의 모습을 정화하려 한다. 그를 우리들은 작가라 부른다. 무엇보다 작가는 어느 시점부터 꿈꾸어 온 진아眞我를 작품의 주인공으로 내세운다.

수필은 작가가 화자가 되어 자신의 이야기를 자신의 언어로 전하는 장르다. 살아온 삶의 궤적마다 인상 깊은 체험은 물론이거니와 이루지 못한 꿈은 상상을 통하여 재구성함으로써 가상적 세계가 현실화한 과정을 서술한다. 당연히 그의 글은 자신과 가족과 일가친척이 등장하는 한 편의 드라마로 엮어진다.

공상규는 어린 시절부터 글을 쓰는 것이 꿈이었다. 〈작가의 말〉에서 "글 앞에 앉을 때 행복한 건 어쩔 수 없는 노릇이다." 라고 자신하듯이 시골의 궁핍은 한때 그것을 허락하지 않았어도 그리워할 만한 정신적 고향이었다. 문학으로의 입신이 다소 늦게 된 이유이지만 대신에 후반기 정신세계를 형성하는 중요한 모티브가 되었다. 나아가 직장인으로서 사회적 역할을 수행하고 가장으로서 가정의 안정과 행복을 추구하는 현실적 자아와 균형을 유지하게 되었다. 그 점에서 그는 가정의 행복과 작가로서의 입신을 이루어 낸 이륜二輪의 인생담을 엮어 나간다.

공상규 수필가가 상재한 《석류나무 집》은 과거가 총화한 일상적 터전이면서 정신적 공간으로 자리한다. 그에게 석류나무가 이룸이라는 상징으로서 표상된다. 삶의 무대에서는 어려운 시절을 이겨 낸 의지를, 이상적 의미에서는 공자의 후손으로서 문사의 기개를 뜻하므로 작품집도 인생의 파고를 헤쳐 온 자기 성취를 회고하는 작품으로 이루어진다. 내용에서는 가장으로서의 인애와 문학이 인생의 반려임을 증언한다. 자전적 일대기, 다정다감한 가족사, 주변 지인들에 대한 진지한 배려의 이야기가 상호 유기성을 이룸으로써 작가의 인물론에 일치하는 수신修身의 문집임을 예증하고 있다.

1. 문청 시절의 혼

세상의 모든 사물은 무심히 존재하지 않는다. 산야에 피는 들풀도, 논에서 자라는 벼 한 포기도 나름의 목적과 의미를 지니고 있어 글 한 줄조차 불사의 진실을 전한다. 꽃도 나락도 남서풍도 무언으로 피고 익고 일정한 방향성을 갖고 분다. 자연의 섭리가 그렇듯이 인간도 그냥 살아가지 않는다. 갑남을녀일지라도 태어나는 순간부터 순명의 길을 걷는다. 운명이나 숙명이 무언가를 이루려는 의지와 환경과의 충돌을 설명하는 말인 이유다.

그런 가운데 작가로서 자질을 지닌 사람은 이루려는 세계를 천천히 그러나 꾸준히 밟아 간다. 언젠가는 멀기만 한 신기루가 현실이라는 공간에서 자라는 한 그루 나무가 된다는 사실을 확신한다. 무엇보다 진정되고 싶은 자아일수록 서서히 이루어진다는 진실도 믿는다. 신중한 걸음일수록 물질적 측량을 초월하는 심미적 정체성을 지니기 때문이다.

《석류나무 집》은 자아로의 항진을 그려 낸 작품으로 짜여 있다. 그만큼 의식적으로든 무의식으로든 공상규는 심목心木을 키워 오고 있다. 그 해석은 석류나무 집이 셋방살이를 벗어나고 싶다는 현실 속의 집이면서 고등학교 시절부터 키워 온 문학이라는 정신적 집을 뜻한다.

고등학교 시절부터 문학을 이해하지 못해도 무작정 좋아했다. 전깃불도 들어오지 않는 산골 출신이 부산에 오니 모든 게 낯설었다. 허허벌판에 혼자 떨어진 느낌에 주말만 되면 친구도 구경 갈 곳도 없어 외로움은 밀물이 되었다. 간간이 글을 쓰며 외로움을 달랬지만 오랜 친구가 되어 준 건 독서였다. 순진한 시골 아이가 대도시에서 느끼는 쓸

쓸함을 책이 달래 주었다. 문학을 하려면 어느 정도 외로워야 한다는 것을 그때부터 어렴풋이 알았다.

— 〈에덴 엘레지〉에서

작가에게 문학은 정신이 안주하는 고향이다. 어린 시절, 곤궁한 가정을 힘들다고 여겼지만 사실은 작가로의 입신을 위한 바람직한 여건이었다. 전깃불도 들어오지 않는 산골은 자연을 음미하게 하였고, 도시로 유학 온 외로움은 독서와 사색에 필요한 고독을 제공하였으며, 독서는 문학 모임인 '에덴 청맥회'를 결성하는 계기였다. 학창 시절의 이러한 문학적 열정은 정년 무렵에 다다라 원숙한 문인이 되는 지표가 되었음은 물론이다.

비유하면 그에게 문학은 평생 가꾸는 꽃이다. 수필가로 등단한 시점에서 되돌아보면 어린 시절 자연과의 만남에 이어 학창 시절의 독서, 직장 생활을 하면서 본격적으로 시작한 글쓰기였다. 타 지역에 근무하면서 인생의 낙으로 삼은 등산과 독서를 "친구이면서 짝사랑"이 되게 하였다. 직장 생활을 끝내면서 본격적으로 시작한 수필은 세월이 가는 기쁨을 두 배로 키웠다.

늦게 핀 꽃이 더 아름다운 법이므로 그에게 수필은 "인생 2막에 활짝 피어난 꽃"이므로 "한 번 작가는 영원한 작가"라는 신념을 갖게 하였다. "내 몸에 맞는 옷"으로서 수필은 문우와의 즐거운 만남을 베풀고 있다. 무엇보다 "늦깎이가 수필 나무에도 꽃이 활짝 필 수 있도록 영양분을 듬뿍 주면서 정성을 다해 키워 보려 한다."라는 각오에 변함이 없다.

수필가로의 입문을 밝힌 작품인 〈동반자〉와 〈멋진 공간〉은 중학교 때부터 시작된 책과의 인연을 다룬다. 『농민신문』에 투고한 글이 실렸을 때의 기쁨과 도서관을 사람과 사람을 이어 주는 공간으로 풀이한 구절은 작가로서의 탄탄한 선행 조건을 밝히는 담론이라 평할 만하다.

문학의 꽃은 오랜 시간을 두고 피어나는 만큼 그의 일상은 작가적 족적으로서 창작 수련과 불가분의 관계를 맺는다. 《석류나무 집》의 정신적 의미가 '작가의 집' 자체라는 뜻이다. 작가란 문장이라는 건축 재료로 자신의 집을 지은 사람을 칭한다. 현재의 자아와 과거의 자아가 거쳐 온 시공을 엮어 작품집을 발간할 때 비로소 작가라는 호칭을 얻는다. 작가의 고유한 정신세계를 경험과 인식과 사유와 감성의 구조물로 건축하는 것이다.

공상규도 오랫동안 준비해 온 《석류나무 집》을 출간함으로써 자신의 작품 세계를 가진 장인이 되었다. 그러므로 후반기 족적은 전반기와 다른 면모를 지닌다. 전반기가 작가가 되기 위한 습작과 준비라면 후반기는 작가 정신이 발현된 작품들로 구성된다. 대표작으로는 산책 장소를 묘사한 〈동심정에서〉와 컴퓨터 키보드를 소재로 한 〈유언〉과 '부산문화예술지원사업' 응모를 다룬 〈이번에는〉을 3부작으로 손꼽을 수 있다.

〈동심정에서〉는 건강을 위한 산책과 작품 소재를 위해 찾는 정자를 배경으로 삼고 있다. 증산에 자리한 동심정은 심신을 재충전하고 자연을 음미하고 힐링을 겸하는 공간이다. 정자는 조선시대 선비들이 시문을 향유하며 자연을 벗 삼은 전통미를 되살려 준다. 그곳을 즐겨 찾아가는 그의 나들이에 선비들의 고아한 풍류를 본받으려는 동기가 깃들어 있음은 말할 필요가 없다.

> 동심정은 심신을 재충전할 수 있는 안식처. 동심을 한자로 세 가지 뜻풀이로 적어 놓았다. 첫째 동심同心은 "자연과 마음을 같이하는 힐링 공간"이다. 둘째 동심動心은 "자연의 소리, 냄새 등 좋은 자극을 받아 마음이 움직여지는 공간"이다. 셋째 동심童心은 "사방이 트인 곳에서 어린아이의 마음처럼 상상의 나래를 펼칠 수 있는 공간"이라고 설명해 놓았다. 난 동심同心이 마음에 든다.
> — 〈동심정에서〉에서

동심정은 그의 문학적 특징을 다층적으로 가시화해 준다. 자연을 통한 힐링과 움직이는 미적 공간 외에 어린이에 대한 배려와 나눔이 반영되어 수필과 인생이 따사로운 공감각을 형성한다.

문학에 대한 집중력과 작가 특유의 유머가 어울린 〈유언〉은 문학을 어떻게 수용하고 있는가를 투사한 문제작으로 평가된다. "키보드가 무단가출했다."라는 낯선 비유로 시작하는 내용은 글쓰기에 매진하는 작가의 일상을 구현한다. 컴퓨터를 사용하면서 글쓰기가 편해져 그는 밤낮을 가리지 않고 글을 쓴다. 그런데 키보드가 작가의 건강을 염려하여 휴식을 갖도록 일부러 "밤낮 글을 쓰는 주인이 안쓰러워 주말 휴가를 준 거라고 좋게 생각하기로 한다."라는 비유는 구사하기 어려운 기법이라 할 만하다. 그런데 십여 년 동안 사용한 키보드가 고장 났지만, 조용한 산에 가서 독서와 퇴고를 하겠다는 자세를 유지하고 있음을 지켜보면 수필을 향한 애정이 참으로 지극함을 알 수 있다.

  수필가로의 등단이 학창 시절의 꿈을 이룬 결과이고 하루하루의 삶도 달라지고 있으므로 "하루 동안 글쓰기를 하지 않으면 가슴이 답답해져 옴을 느낀다."라는 고백은 참 수필가의 자세 바로 그것이다. 특히 "십여 년 내내 쉬는 날도 없이 봉사한 그가 고마워 신문지에 싸서 서랍에 고이 모셨다."라는 구절을 대할 때면 컴퓨터에 대한 애착에 공감하지 않을 수 없다.

  작가로서 공상규의 정체성은 문학에 대한 순수한 인내와 열정이다. 수필가로의 등단과 수필집 상재라는 심미적 결실은 작가로서의 진중함과 인간적 여유를 보여 주기에 부족함이 없다.

2. 내 집으로 향한 세월

  사람에게 의식주는 무시할 수 없는 생활 조건이다. 만일 궁핍한 환경에서 벗어나 경제적으로 독립한 가장이 되려면 지금도 여간 힘들고 거친 살림이 아닐 수 없다. 그 역경을 이겨 내고 자립과 자존을 이루어 낸 과정이라면 개인이든 사회이든 눈물겨운 역사로 자리하게 된다.

작가가 사회인으로 성장하던 당시의 살림살이는 소수의 계층을 제외하고는 모두 셋방과 전세로부터 시작했다. 가족을 위한 내 집을 마련하는 것이 가장의 가장 큰 의무였고 집을 가지면 가족의 행복과 안녕을 완성하는 쾌거가 되었다. 단칸방 신혼 생활에서 내 집을 갖는 것은 부부의 희망이고 꿈이었다. 부부는 어둠과 빛을 고스란히 보여 주는 서사를 후일 자식들에게 이야기하기 위해 하루라도 빨리 전세살이를 벗어나려 열심히 일한다. 그것이 남녀의 일생이다.

 가정의 행복은 알고 보면 별것이 아니다. 신혼부부에게는 함께 살 방과 부엌이 있으면 되었고 자식이 생기면 주인집의 눈총을 받지 않고 뛰어놀 수 있는 곳이면 되었다. 오랜 시간이 지나도 힘들었던 그때를 잊지 못하는 이유는 희망의 끈이 그곳에 있기 때문이다.

 〈보금자리〉는 내 집을 마련한 과정을 재생시켜 주는 소중한 단어다. 안정과 행복과 평화는 가정의 이데아이므로 신혼 시절의 당리동 셋방은 이십 대의 부부에게 인생과 부부애가 무엇인가를 알려 주는 인생 교실이었다. 그러므로 〈보금자리〉의 중심을 이루는 "삶이 힘들어도 아내가 옆에 있어 어떤 어려움도 이겨 낼 수 있었다."라는 힘겨운 시절을 이겨 낸 동력으로서 남편과 아내로 이루어진 부부에게 진실의 힘을 가진다.

 그들은 문현동에 '그들의 집'을 마련할 때까지 괴정동, 당리동, 엄궁동을 거치면서 단단한 삶의 이력을 쌓았다. 40여 년 전 한

겨울 추위가 마음을 얼어붙게 했던 시절, 하루 종일 햇빛이 들지 않는 야산 밑 전세방에서 "자녀에게는 가난을 물려주지 말자."라는 약속으로 신혼살림을 시작했다. 내 집이라는 포근한 보금자리는 이루어 내야 할 필수 조건이었고 노년이 되었을 때 웃음으로 회상하기 위해서는 자신들에게 주는 선물이어야 했다. 그 인생론은 "마음 편하게 살 수 있는 집이 제일"이라는 자족의 등불이 되었다.

'내 집으로'라는 인생길에서 볼 때, 〈보금자리〉가 내 집이란 어떤 의미인가를 묻는다면 〈석류나무 집〉은 보금자리가 어떤 곳이어야 하는가를 알려 주는 해답이므로 대표작으로 손꼽을 만하다. 나아가 표제작으로서 정신적으로는 참 수필가라는 신원을, 가정적으로는 내 집에 대한 추억 거리로 이루어진다. '아픔 속의 희망'이기 때문에 세월이 지날수록 아름다운 보람으로 찬연하게 빛나기 마련이다.

그는 결혼 이후 네 번째 거처였던 엄궁동 전셋집을 남다르게 기억한다. 1층에 세 가구가 살았던 마당에는 밑둥치가 굵은 석류나무 한 그루가 자라고 있었다. 다산과 풍요를 상징하는 그 나무는 작가를 지켜보는 현자처럼 전세살이는 삶의 디딤돌이라는 가르침을 주었기에 그 집에 대한 그리움이 남다르다. 나무와 인연을 맺으면서 가장과 직장인으로서 소임을 마무리하고 수필가로 입신하였다고 믿으므로 더 늦기 전에 찾아 나서기로 한다. 이것은 마치 떠나온 고향을 찾아 나서는 수구초심과 다름이 없다.

수십 년이 지난 엄궁동은 예전과 판이하다. 개발의 여파로 옛 전셋집이 그대로 있을 가능성이 매우 적다. 아내의 눈썰미 덕분에 가까스로 찾아낸 철 대문에는 철거 대상물이란 안내문이 붙어 있고 석류나무는 아쉽게도 사라지고 없다. 그렇다 하여도 아예 없어진 게 아니다. "어려운 시절을 보낸 전세방을 찾는 건 석류나무를 보기 위한 것"이라고 회상하듯이 탐스럽게 익었던 전셋집 석류나무는 나무가 아니라 희망이며 이루고 싶은 인생의 결실을 상징한다. 그 의미가 가슴으로 옮겨졌으므로 "내 집 마련으로 단독 주택에 살면 마당에 제일 먼저 석류나무를 심는 게 꿈"이라 말할 수 있었다.

마침내 그 꿈을 이루어 내었다. 전원 지역의 아파트에 살면서 정성스럽게 가꾸는 조그만 텃밭에 석류나무 두 그루를 심은 것이다.

어려운 시절을 회상하며 마당에 석류나무를 심는 소원은 아직 이루지 못해도 텃밭에는 슈퍼 왕 석류나무 두 그루가 사이좋게 자라고 있다. 햇살이 가득한 봄날에 아내가 전통시장 앞 노점상에게 사서 심어 놓았다. 부부는 일심동체라는 의미를 담아 '남편 나무', '아내 나무'라고 이름을 지었다. 석류나무를 볼 때마다 지난 시절 추억이 몽글몽글 되살아난다. 전세살이 중에서 정이 넘치게 어울렸던 곳이 석류나무 집이다.

젊은 시절에는 가난 때문에 모든 것이 힘들게 느껴졌지만, 나이가 들어 가며 지난 고통도 아름다운 추억으로 성큼성큼 다가온다. 그때 사는 게 힘이 든다고 불평만 하고 보냈으면 가난은 영영 벗어나지 못했을 것이다. 부모에게 재산 대신 독립심을 물려받았다고 생각하니 모든 게 희망으로 변했다. 석류 씨앗 같은 여문 희망은 마음속에 잠들어 있다.

— 〈석류나무 집〉에서

슈퍼 왕 석류나무 두 그루는 지금까지 함께 살아온 일심동체의 부부애를 상징하면서 고진감래의 인생사를 형상화한다. 《석류나무 집》에 실려 있는 수필 정신을 반영한 위 두 단락은 인생에서 희망이 얼마나 큰 힘을 발휘해 가는 주제문 역할을 한다. 과거의 한때였던 가난과 지금에 행복한 노후라는 단계야말로 자연스러운 인생길이 아닌가. 그래서 작가도 "가슴에 키우는 석류나무를 텃밭에 심어 놓고 나니 이제야 숙제를 끝낸 기분"이라고 회심의 말을 할 수 있다. 그 당당한 육성이야말로 독자의 가슴을 한껏 울리는 공명을 갖는다고 하겠다.

〈옥련암과 아내〉는 '옥련'이라는 동일한 이름으로 아내에게 고마움을 전하는 편지 같은 수필이다. 옥련과 연꽃은 흙탕물 속에서도 단아하게 피어나는 꽃이듯이 사찰, 연지, 아파트, 학교 등에 붙을 만큼의 이름이라 탁발승이 시주에 대한 답례로 붙여 준 불심에서 유래한다고 밝힌다. 나아가 옛것을 수집하는 게 취미인 아내에게 옥련재玉蓮齋를 한 채 지어 선물하고 싶다는 애정도 표현한다.

이성계가 금산金山으로 이름 지어 온 산을 비단으로 둘렀다는 전설처럼 〈옥련암과 아내〉라는 수필은 참한 집 한 채를 지은 것과 다름이 없다. 공상규 수필이 지닌 호쾌한 문체가 돋보이는 가운데 은은한 부부애가 보여 가정적 수필다운 문향을 풍기고 있다.

보금자리와 둥지를 모티프로 삼고 있는 여타 작품도 적지 않다. 아내가 작가의 머리를 이발하는 모습을 그린 〈20분의 행복〉, 비둘기가 베란다에 둥지를 튼 모습을 다룬 〈둥지〉, 맨발 걷기의 예찬론자인 아내와 함께 디대포해수욕장을 걷는 〈여인과 모래톱〉은 평온한 일상을 바탕으로 한다.

공상규 수필은 급변하는 인생살이와 사회적 이슈를 다루는 사회성 논조보다는 아랫목 같은 훈훈한 인간애와 범상하지만 놓치기 쉬운 삶의 참모습을 담백하게 전달한다. 우리가 소중히 여겨야 할 감동이란 잔잔한 봄바람과 냇물과 같다는 인생론을 지켜 오는 그의 수필 작품도 남다른 여운을 남기고 있다.

3. 존귀한 인생은 평범한 배려

사람은 긍정과 부정이라는 두 세계를 오가며 살아간다. 힘든 일은 하지 않으려 하고 쉬운 일은 남에게 맡기지 않는 습성을 대부분 지니고 있다. 호불호가 분명할수록 분별이 있다고 여기는 세상이지만 어떤 경우라도 부정할 수 없는 몇 가지 사실이 있다. 그중의 하나가 출생에 관한 것이다. 출생은 선천적 조건이지만 작가라는 사람은 유달리 뿌리를 깊게 인식한다. 생각으로 의식하고 언어로 표현하는 가운데 부모와 고향에 대한 기억을 자신의 존재에 각인한다.

성장기에는 서러움과 불평의 대상이었던 것도 작가로서 회상할 때면 그립고 죄송한 마음을 부모에게 갖는다. 서운했던 일도 가난 때문에, 다른 형제들이 아팠기 때문이었다고 때늦게 깨닫는다. 문학이 이처럼 한 인간을 정신적으로 훌쩍 성장시키는 마력을 지닌 이유는 성찰이라는 정신적 반추이기 때문이다.

작가는 어린 시절은 가난과 객지 생활이라는 명사로 요약한다. 부모는 자식을 공부시켜 농사일에서 벗어나게 하는 것이 유일한 보람이므로 장독대 위에 정화수를 떠 놓고 새벽마다 조상신에게 빌고 자식의 학비를 마련하기 위해서라면 피땀으로 일군 전답도 기꺼이 팔았다. 학창 시절에는 이것들을 당연히 여겼지만, 부모가 세상을 떠나고 자신이 부모가 되었을 때 비로소 논 한 뙈기가 부모에게 얼마나 소중한 재산이었던가를 깨치게 된다. 그 각성이 눈물겨운 수필을 낳는다.

공상규가 부모를 기억하는 방식은 관념이 아니라 구체적 사물이다. 그는 사물을 통하여 어머니의 옛사랑과 자식에 대한 변함없었던 신뢰를 통찰해 낸다. 어머니는 학창 시절에는 학비를 마련해 주었지만, 결혼 후에는 며느리에게 용돈을 건넨다. 용돈은 어미로서 아들자식에게 차려 주고 싶은 생일 밥상을 대신한다. 며느리가 있으니 그렇게 할 수 없어 배려의 숙고 끝에 용돈으로 주는 것이다. 그도 부모의 심정을 알기 때문에 마지막 받은 5만 원짜리 봉투를 지금까지 지갑에 고이 간직하고 있다.

〈생일 봉투〉는 그 심정을 담은 사모곡의 수필이다. "어머니가 생일날에 주는 봉투에는 아들이 잘 살았으면 하는 마음이 들어 있다."라는 구절은 내리사랑을 대변하는 구절일 뿐만 아니라 부모의 일생을 추억하는 기억 저장소 역할을 한다. 그곳에는 초등학교 시절의 밥, 중고등학교의 객지 생활, 공부 잘하고 좋은 직장 얻으라는 기도, 무탈한 직장 생활과 가정생활을 바라는 소망, 무엇보다 "분수에 맞게 살아가라."라는 어머니의 말 없는 당부가 세월을 이겨 내며 지금도 귓전을 울린다. 그러므로 5만 원은 많고 적음의 금액이 아니라 결코 닳을 수 없는 인연의 무게를 표상한다.

〈생일 봉투〉가 생시의 어머니에 대한 회상 수필이라면 〈165-080423〉은 돌아가신 부모님을 모신 부산추모공원의 봉안당 호실로서 사후의 부모를 기리는 글이다. 그의 부모는 평생 농부로 살았고 두 달 간격으로 세상을 떠난 금실이 유별나게 좋았던 부부였다. 객지 생활을 하는 작가가 명절날 부모를 찾았던 것이 즐거움으로 지금도 생시처럼 추모 공원으로 간다.

165-080423, 부모님이 계시는 부산추모공원의 봉안당 호실이다. 이

세상에서 나에게 사랑으로 봉긋한 가슴을 내어준 어머니와 도시로 유학을 보낸 아버지의 마지막 보금자리다. 어머니는 평소의 소원대로 주무실 때 갔어도 곁에서 임종을 지켜보지 못한 아들은 여전히 마음이 아프다. 어머니가 정성스럽게 만든 강정과 바삭바삭한 유과를 먹지 못해도 내리사랑이 늘 함께하니 봉안당으로 향하는 발걸음이 가볍다.
― 〈165-080423〉에서

올해의 발걸음에는 부산문화재단의 창작지원금을 받아 수필집을 발간하는 만큼 4남매를 대도시 부산으로 유학 보냈던 부모에게 제대로 효도한다는 뿌듯한 마음이 실려 있다.

이 작품의 인상적인 미는 의미심장한 감사패 덕분에 더한층 고조된다. 그것은 열여덟 살에 시집와 70여 년을 함께 살며 고생한 아내에게 아버지가 만들어 준 것으로 부부의 천생연분이 무엇인가를 생생하게 가르쳐 주는 존귀한 징표이다. 공씨 집안 후손답게 삼강오륜을 지키는 가풍과 품격 있는 내용을 실어 인륜이 무엇인가를 적시한다는 점이 《석류나무 집》의 문학적 가치를 새삼 돋보여 준다.

수필은 인간에 대한 믿음과 그리움을 반추하는 산문이다. 부모에 대한 효성과 아내에 대한 부부애는 자연스럽게 주변 사람들에게로 전파된다. 그는 형제와 일가친척에 이어 직장 지인들을 배려와 나눔의 동심원에 위치시킨다.

시골 태생인 그는 고등학교 시절을 이모부 집에서 다녔다. 부모와 같은 보호자로서 의지한 바가 적지 않았던 이모부는 그에게 낚시하는 법도 가르쳐 주면서 혹시 가질지도 모르는 따돌림의 외로움을 다독여 주곤 했다. 그때의 고마움을 잊지 못해 기제사가 있을 때면 고인을 찾아 자식처럼 돌보아 준 혈육애에 예를 표하고 주말이 되면 성묘도 함께 한다. 공상규가 작가 이전에 인간 됨됨이라는 인륜을 실천하는 인품을 보여 주는 모습이라 하겠다.

나아가 군사부일체라는 말이 있듯이 스승에 대한 고마움도 마찬가지다. 까까머리 중학교 2학년까지 음악에 취미가 없었지만, 계이름을 친절하게 가르쳐 준 음악 선생님을 만나면서 어떤 과목보다 음악에 정성을 기울이게 된다. 〈선생님이 그립다〉는 사춘기 시절의 학생에게 선생이 하는 질책과 칭찬의 한마디가 아이의 장래를 결정한다는 예를 제시한다. 그분 덕분에 지금까지 음악에 남다른 취미를 가지고 여러 연주회에 참석하고 있다. 음악 애호가로서의 취향을 소개하는 〈짜장 콘서트〉는 음악을 생활화한 모습을 담았다는 점에서 〈선생님이 그립다〉와 맥을 같이하는 작품이라 하겠다.

〈반시 우정〉은 직장에서 알게 된 선배와의 우애를 그려 낸 작품으로 퇴직 후의 생활을 살필 수 있는 작품이다. 직장이란 업무와 직책에 따라 종횡으로 연결된 공적 근무지여서 동료나 상하 간에 지속적인 관계를 맺기 어렵다. 그런데도 직장 선배가 청도로 귀촌한 후 매년 작가를 초청하여 인연을 이어 가는 40

여 년간은 그들이 맺은 신뢰가 얼마나 돈독한가를 보여 준다. 그것은 서로에 대한 신뢰를 바탕으로 한 배려라는 점에서 노후에는 베풀며 살아가는 것이 행복이라는 인생론을 펼쳐 낸다.

그뿐만 아니라 〈편견에서 벗어나다〉는 장애인에 대한 사회의 편견을 지적하면서 낯선 장애인 아이가 무사히 집에 돌아가도록 친절을 베풀었던 일을 다룬다. 〈그래도 속고 싶다〉는 거짓말로 도움을 구걸하는 아이에게 뻔히 알면서도 도움을 주었다는 사례를 보여 주고 있다. 두 작품은 어른들은 어떤 경우든 약한 아이를 지켜 줘야 한다는 도리를 제대로 하지 못하고 있는 사회의 문제점을 지적하고 있다.

공상규의 삶을 이끄는 끈은 유교적 인륜이다. 부모와 자식, 남편과 아내 사이의 천륜뿐만 아니라 사회생활을 하면서 알게 되는 사람에게까지 배려와 측은지심을 가져야 함을 강조하면서 그것을 생활화하는 방도를 제시한다. 그 점에서 《석류나무 집》은 개인의 일상적 체험을 표현하는 인생 교실이면서 배려심이라는 인륜이 참으로 소중한가를 경험으로 펼쳐 내는 윤리적 팡세라는 균형점을 저울질해 낸다.

4. 한 꼭지를 첨添하며

수필은 소재를 선정하는 진지한 분별성과, 공감의 주제를 세우는 정립성과 인생론적 정체성을 상호 결속시킬 때 좋은 수필이 생산된다. 수필가에게 가장 행복한 순간은 과거라는 정靜과 현재라는 자自의 내면을 동시에 응시할 때다. 평자는 이러한 작가 의식이 공상규 수필의 요체라고 여긴다.

  공상규 작가는 수필로서 자신의 존재 가능성을 기획하고 그것에 따라 살아간다. 자신의 존재 가능성을 담보하고 자신의 것으로 만듦으로써 본래 자기로 살아간다. 그는 작품에서든 〈작가의 말〉에서든 "인생 이모작에서 찾은 수필은 내 삶의 존재 이유"라고 밝히고 있다. 좋은 수필을 위해 공부하다 보니 세월이 언제 지나갔는지 모른다고 말할 만큼 그의 존재를 정립하는 키워드는 항상 수필이다.

  《석류나무 집》은 작가의 삶과 문학을 형상화하는 표지목이면서 그 양면의 세계를 펼쳐 낸 심미적 공간으로서 손색이 없다. 평범한 일상에서 중용을 지켜 내는 현대 산문가로서의 남다른 작가 의식도 눈여겨볼 만하다. 수필과 인성에 대한 진정성을 발견한 《석류나무 집》이 고전성과 현대성을 겸비한 이유가 여기에 있다.